王啸峰 著

不忆苏州

南京出版传媒集团
南京出版社

图书在版编目（CIP）数据

不忆苏州 / 王啸峰著. -- 南京 : 南京出版社,
2019.8
ISBN 978-7-5533-2622-1
Ⅰ. ①不… Ⅱ. ①王… Ⅲ. ①文化史—苏州 Ⅳ.
①K295.33

中国版本图书馆CIP数据核字(2019)第156654号

书　　名: 不忆苏州
作　　者: 王啸峰
出版发行: 南京出版传媒集团
南 京 出 版 社

社址: 南京市太平门街53号　　邮编: 210016
网址: http://www.njcbs.cn　　电子信箱: njcbs1988@163.com
天猫1店: https://njcbcmjtts.tmall.com/
天猫2店: https://nanjingchubanshets.tmall.com/
联系电话: 025-83283893、83283864（营销）　025-83112257（编务）

出 版 人: 项晓宁
出 品 人: 卢海鸣
策 划 人: 李　樯
责任编辑: 冯展君
金　欣
装帧设计: 佑　玟
责任印制: 杨福彬

印　　刷: 南京新世纪联盟印务有限公司
开　　本: 880毫米×1230毫米　1/32
印　　张: 7.5
字　　数: 150千字
版　　次: 2019年8月第1版
印　　次: 2019年8月第1次印刷
书　　号: ISBN 978-7-5533-2622-1
定　　价: 29.80元

天 猫 1 店　　天 猫 2 店

营销分类: 文学 · 散文

目录

印象，老街

舌尖上的笑声

心灵的尺度

日子静好

游园惊梦

印象，老街

旧影

老街北端有座桥，桥名吉利。南面说有三多桥，可我记事起，就没有见过桥。吉利、三多，都是很通俗的名字。可它们的前身却都不简单。吉利桥宋朝称为织里桥，老街也因此得名:织里桥南街。三多桥，宋《平江图》上标称:杉渎桥。当初吴王夫差为博西施欢心，举全国之力营造馆娃宫，来自各地的木材通过水运抵达灵岩山脚下，堵塞了河流。古镇木渎因此得名。杉渎也同此意。杉渎桥附近达官显贵宅第众多，建材的主体杉树原木堵在古城河道里，是件很讲得通的事情。

我，七岁，就能够独自“驾驶”二舅水果店里的三轮车。最威风的事情，就是从高高的吉利桥上俯冲而下，那速度和那感觉，直到第一次乘飞机从天而降时才再次回来了。这还不是最刺激的。把好龙头,自己绕到车身后,将车一推……就在无人驾驶的三轮车飞速而下的时候,我模仿铁道游击队员的技术,紧赶几步,从后面翻上车子,再小心地一步一步依次把住车架、握住坐垫、紧握龙头,完成一套“杂技动作”。常常引得小伙伴惊呼,心里过瘾赛过吃糖。一次,“天线弄”里横冲出一辆自行车,我刚握住龙头,一惊之下,紧按刹车,车顿时原地打转,有翻车的迹象。我连忙左脚撑地,不料力道不足,脚被卷进轮子。车翻,人倒,左脚血肉模糊。——就这样,我悲情地告别了三轮车驾驶生涯。

老街上(甚至整个苏州城)当时最神秘的地方,叫“司监”。明清在老街设司狱司衙,清末,设江苏按察司狱及苏州府监。老街的名称也从织里桥南街改为司前街。民国时期作为地方监狱,最大的特点是改建为十字形新式监房。1949年后做过苏州市监狱。司监,我的记忆中两扇大门永远紧闭。上面字体端正严肃:苏州市公安局看守所。“司监开门了!”一声呼叫,伙伴们像过节一样,蜂拥到司监对过的天线弄里,踮脚、爬墙、搭人梯。幸运的话,犯人游街的全过程尽收眼底。一旦发现某一著名人物或者熟悉人士五花大绑,人们总会激动得发现一些细节:皮带抽掉了!穿的是布鞋,但是没有袜子!哦,脑后弹出这么大的“反骨”,怪不得要吃枪子!住了这么多年,我都没有见识过“十字监房”的庐山真面目。前年,我进入“司监”,但那里已经分成几个部分,前面是公安局的经侦支队,后面“十字监房”改建为苏州警察博物馆和苏州禁毒展览馆。在新建的办公楼里办完公事,坐车离开的一刹那,感觉少办了件事。后来闲下心,才想起原来没有请公安局的朋友带着参观一下“十字监房”。

紧挨着“十字监房”的是有名的“朱家园”,因北宋的朱勔而得名。这个知识是后来我才知道的。奸臣事事不传代,这就是苏州人的特点。相反,梁红玉击鼓退金兵,犒劳士兵的“点心”由来,就通过评弹、评话代代相传。蔡京、朱勔为宋徽宗采办“花石纲”而立下“奇功”。说奇,那是因为朱勔曾经将一块高达数丈的巨石运到东京。为了运此石,“载以巨舰,役夫数千人,所经州县,有拆水门、桥梁,凿城垣以过者”,历时数月才运抵。其间力役、费用当然都是苏州百姓“买单”。此石后来赐名“神运昭功石”,立在万岁山顶,被封为“盘固侯”。朱勔也因此被擢升为威远节度使。于是他开始营建“同乐园”,据称园林之大,湖石之奇,堪称江南第一。但是,奸臣的下场定然悲惨。“同乐园”被毁后,了无踪迹,只留下一个地名:朱家园。那是一个土墩。听外公讲,民国时期,枪毙犯人多在那里。就多了一个别称:小校场。

还是看看普通百姓吧。离“司监”不远,有家箍桶店。箍桶匠络腮胡子、环眼、大嗓门。第一次看《三国演义》时,我曾经将张飞对号为箍桶匠。他有两个女儿,自然都对这门手艺漠不关心。箍桶匠干活一定要吸烟,而且不扔烟蒂,“飞马”牌一根一根接上。我最迷他的小刨子,在他手里上下、左右、弧线,翻飞不止。刨花真的像花一样,在我眼前绽放开来,同时扑鼻而来的是木香。他最忌讳用钉子,称“洋钉”是外来之物,正宗箍桶匠人根本用不着。但是,舶来品越来越多,马桶、浴桶、脚桶等渐渐远离老街百姓生活。我印象中的箍桶匠总是浓眉紧锁,烟抽得巴巴直响。

张长兴

老街北口拐弯角上有家面馆，老人们都叫它“张长兴”，我们也懒得去看挂在店门口的招牌，直接叫旧名了。

革委会的招待所正好在“张长兴”的斜对过，每到开会日子，面馆里飘出的香味，半条街都闻得到。我们刚刚吃过泡饭加酱菜的晚饭，一受刺激，从肚子开始，直到味蕾，都运动了起来。外公好像也有点撑不住了。悄悄放下画笔，在书桌抽屉的日记本里小心翼翼地抽出几张粮票，塞到我手中：“问你外婆要两角钱，到张长兴下四两阳春面来。”

那年代最重要的是粮票，钱再多也买不到吃的。我三步并作两步走在老街湿漉漉的石板街上，手拿钢精锅子，想着外公出门前的关照:“四两面,二两二两地下!”

每个走过“张长兴”门口的人,都不由自主回头看橱窗,里面摆着切好的一只只冷盆。我最喜欢看酱鸭冷盆,腰圆盘里躺着一份浓油赤酱的“刀面”,就是鸭胸脯肉用刀切成整齐小块。鸭的头、脚、翅膀等在苏帮菜中上不得桌面,常常廉价处理给关系户。二舅在水果店工作,就用起斑点的苹果和梨换来一大包。

我一直不敢想象一整只酱鸭放在面前的幸福。后来,一位同学当上了厨师,问我酱鸭身上最好吃的部位在哪里?我想都没想就说是“刀面”。他轻蔑地看了我一眼,告诉我厨师尝酱鸭味道的时候往往把鸭舌吃掉,一来不显山露水,二来如果味道进入鸭舌,说明火候到了。于是我开始观察宴会桌上端来的酱鸭、盐水鸭、香酥鸭,乖乖,十有八九舌头是飞掉的。肯定飞到厨师的肚子里了,我暗自好笑。

“张长兴”的酱鸭很有名,我只能看着那些会议代表吃。店里灯光昏暗,烟味、酒味、香味、汗臭味交杂在一起,比大众浴室的气味更混浊,更复杂,更刺激,使人莫名兴奋。这已经不是纯粹的面店了,已经被改造成为人民大众服务的小馆子了。或许因为老张在,面还继续下着。

我先去柜台买面筹,两个二两阳春面。这是外公的儒雅说法,买筹的直接说“阳春个魂!两碗二两光面!”我拿着两根长长的竹签筹,等待收筹的老张。老张也住在老街上,是有名的评弹迷,按现在的话讲叫票友。据说1949年前一直与外公混在一起胡闹。原因很简单,一个家里开着面店,一个家里开着旗伞店。老宅拆迁的时候,我看到一块不知哪里冒出来的“旗伞执事”匾,被两个民工扛走了。

老张慢腾腾地过来收竹签,似乎嘴里还哼着什么调。他的眼总是眯着,一副心不在焉的样子。特别看不起乡里来招待所开会的农村干部,有一次在他跟前,我似乎听见他嘀咕了一句话:“吃刀鱼面嘞,阿配哦?”接着对我眨了眨左眼,一脸坏笑。收面筹的时候,别人有什么要求大声说给他听,似乎他从来不记,只是机械地僵硬地工作着。但是当年轻服务员将面托过来,他却分得清清爽爽。你是三两宽汤重青,他是三两紧汤硬面,她是二两拌面。这个钢精锅嘛,二两“两两碗”,宽汤、重青、重油、多面。钢精锅的要求,我用不着提。老张知道我端回去后,要一大家人分面的,所以外公四两要分两碗下,关键在于面多。我们一个个营养不良,需要他祖传的汤水加一大匙刚刚熬出来的排骨油滋养。

我从窗口里看他将钢精锅放在热气腾腾的面锅边上,然后关照下面的小伙子这碗放什么,那碗怎么下。不满意起来,他会亲自下几碗。当然,老张对外公的事情也是从来不马虎的。龙须面一大把撒在大锅里,不停地用长筷来回翻卷,加入少许冷水,趁这当口,从老汤锅里将汤料舀在每只碗里,再加上一小匙排骨油。这油带着排骨的细屑,喷香扑鼻。面快浮上时,只见老张用面筷挑起二两面,长长的竹笊篱接住后,在空中来回甩出几个弧形,面团得很紧,水分控干了。连续两笊篱,我的钢精锅就差不多满了。

老张笑眯眯地端到我手里之前,抓起一大把大蒜叶撒在面上。面呢,只露出一个“鲫鱼背”,以至于我后来看到冰山,就想到老张下的阳春面。这是老张的作品,每次我端回家,外公负责分面的时候,忍不住要说:“可惜了老张的手艺啊!”经过十分钟的路程,老张的面被挑进我们碗里,与刚出锅时相差无几,难怪外公赞叹。有几次老张不在,面拿回家就成了“烂糊面”。

二舅在吃面的时候,喜欢显示他的社会关系。他说老张现在吃不开,阳春面也没有花头。“张长兴”的店主任他非常熟悉。我想大概那个家伙喜欢吃烂苹果吧。他的言论理所当然遭到外公的痛批,所以他发出狠话,一定要让我们吃一顿“张长兴”的菜肴。不知道是他的面子不够大,还是“张长兴”主任换人了,总之我们没有吃到大餐。不过二舅也不算食言,他“打包”了一只三鲜汤回来。当外婆把热好的汤端出来的时候,我仿佛回到了气味复杂、声音嘈杂的“张长兴”。一口汤喝下去,油得心里明亮起来,胃口就在这碗汤面前彻底放开。直到现在,我仍然喜欢吃“汤泡饭”。

“张长兴”与老宅一批上拆迁的。老张与外公在乱哄哄的老街上相遇,又分手。一个住到城西,一个住到了城南。直到两位老人过世,好像都没有再见过面。

大饼店

“张长兴”其实不能算老街的吃食店,它在吉利桥的拐角上,门牌改了他姓。即使这样,“张长兴”也无愧老街地区第一面馆称号。那时候,大饼、油条、豆浆、粢饭被称为早餐“四大金刚”,吃上一碗面等于“开了一次荤”。于是,一大早从“张长兴”走出来的人都面带得意,一副滋润样子。

与此相反的是老耿头,我要好同学东东的爸爸,老街大饼店店主任。整日间愁眉苦脸。他眉毛倒挂也就算了,脸上从眼睛开始,也耷拉下来,不说话的时候,嘴角居然可以拉到下巴。东东有点看不起他爸,倒不是长相问题,而是讲话口齿不清还带结巴。老师家访,老耿头只是点头说一个字:“好……好”,手里不停捏掉在柜台上的芝麻,捻了一粒，放到鼻子底下闻一下，再摸一粒。我们都不敢进东东家，老耿头对儿子管教严厉，一声“给我……进……去!”东东哧溜一下，立马钻进大饼店。

二舅与老耿头很熟，两人经常在大饼店门口抽烟。渐渐地我看出了眉目，每次二舅买回来的油条和大饼都格外大，芝麻特别多。有时我也学着二舅的样子，拿起一双筷子去买油条。有一阵子，流行将油条穿在筷子上招摇过市，引得好事之徒点油条，“乖乖，这小子在筷子上穿了六根啊!”看老耿头做油条、贴大饼，是种享受。最佩服他捏住油条两端，横放进油锅的一刹那，将两头掐掉的功夫。他徒弟三毛就不行，在掐的同时，没有收口，油条氽出来两条各归各，害得拿筷子想去“穿”回家的直叫苦。贴大饼时，老耿头就像一位武林高手，先腾挪至上风口，再眼观多路，找准炉膛空隙，然后轻舒猿臂，“啪”“啪”，一贴一个准。经常发生大饼掉在煤球上的是三毛，手忙脚乱地想用火钳“抢救”大饼，结果熏了一脸的灰。

东东的妈妈是农村人，不识字，不能在柜台上收粮票和钱，就为大饼店打杂。大饼店是小集体企业，职工也是街道上分配下来的。那时候，挺住没有下乡的人，都有“脚路”。他们技术活做不来，体力活让给东东妈做。老街居民也奔老耿头手艺去，平时谁也不拿那些青工当回事。因此，当其中一个叫小胡的“篡位”当上店主任时，大家才开始注意这个留着两撇小胡子的青年。

二舅消息灵通，本来小胡屁都不是，最近他姑父当上了街道书记，大家一下子想起小胡。胡主任上任的第一把火，三毛氽油条，老耿头揉面粉,东东妈打扫卫生,自己收钱。眼看着食品质量滑坡,大饼店的顾客越来越少,胡主任烧了第二把火,上花式点心!他拍着三毛的肩膀语重心长地说:“我们要争气!油氽麻团、麻花、老虎脚爪、麻油馓子等等都给我上,在这里我是待不长的,到时就看你了啊!”三毛回到后面,挠着头向师傅讨教。老耿头一五一十地教三毛,被老婆泼了一裤腿的脏水。

花式品种引来大家几天的新鲜感,随后就沦为苍蝇的好去处。老邻居们当面数落胡主任,过日子吃得要简单、实用,一早嘴里叼根小麻花骑车上班,让人笑掉大牙不说,肚子不到10点就唱“空城计”了。最关键的是,大家就爱吃老耿头做出来的那个香、酥、油、脆!不料,胡主任狠狠地搞了第三把火。

我直到现在才明白,那应当是最早的“炒作”。几乎在一夜之间,老街大饼店以价廉物美的花色点心替代传统大饼、油条的经验,在全市宣传、推广。二舅作为群众代表,还对着扎两根小辫、戴厚厚黑框眼镜的市报女记者侃侃而谈。“青年群众认为,这不只是早点的种类和花色的改变,重要的是体现出老百姓对美好生活的向往。”二舅指着这句话,反复强调他是原创。

胡主任在店里出现的次数少了,在宣传栏、广播、报纸上却频频露脸。提拔到更重要岗位,成为自然而然的事。没多久,他去商业局当了科长,那时,已经没有人说他是某街道书记的内侄,他头衔是全市的“创新管理人才”。老百姓都摇头,至少老街居民是这样的。但是也有令他们高兴的事情。老耿头又“掌锅”了。经历了这番动荡,老耿头说什么也不肯再做这个店主任了,他说服了街道领导,同时又提出了让他回柜台的请求。

很快,店里有门路的青工都另谋高就了,三毛也去了东洋电器厂。店里只留下东东爸妈两口子。老街居民熟悉的味道又回来了。天刚擦黑,结束晚市的老耿头就将小桌子支在柜台前,东东妈一碟果玉、几样小菜、一壶黄酒端上桌来。收音机的音量被调到最大。老耿头随着评弹的节拍晃着头,发出“嗯”“嗯”——的附和音。我依稀看见,他的嘴角上翘了,连同眼睛和眉毛。

果玉

苏州人对花生的称呼,异乎寻常。带壳的叫长生果,去壳的称为“果玉”。老街上的人,更加精细。长生果除了春节用细沙炒熟待客外,其余一律剥壳,用青花碟盛果玉。

外婆油氽果玉本事最大。倒一大碗菜油进铁锅,微微热气蒸腾起来,就下果玉。外婆一边努着嘴,一边用菜铲来回拨弄圆滚滚、肥嘟嘟的果玉。油温在不知不觉中升高,果玉香气开始弥漫在漏雨的灶屋间,湿润而真切。色泽变成金黄,果玉出锅了。馋虫早已出来的我,忙伸手去青花碟里抓上几粒,左手、右手来回倒腾,忙不停地用嘴吹气降温,迫不及待放入口中,果玉既烫嘴又软湿。

那边,外婆在氽好的果玉上细细地撒上一小把椒盐,双手护盆,上下微微一颠,椒盐均匀了。一会儿青花盆冷了下来,捻掉衣,干脆、香甜、肥美的果玉一进口中,我就刹不住车了。外面的伙伴在高声叫我名字,我就把果玉装在口袋里冲出门去。哪管油腻?好东西要大家分享。

大饼店边上就是粮店。粮店是响当当的国营大集体。我经常看到老耿头带着大饼店里的人去扛面粉。东东悄悄告诉我,大饼店后门与粮店后院是通的,后院里有不少好玩的东西。

有一天,装米的货车又来卸货了。粮店营业员才打起精神围拢到车边上与送货员和司机交接。类似今天水泥搅拌机,米沿着出口,大张旗鼓地奔涌到粮店的地库。伙伴们围拢过来,却被营业员大声呵斥,地库那么大那么深,滑下去要死人的!地库的粮食怎么又从上面管道流下来?我望着粮店横七竖八的管道发愣。

东东拉了我一下,我们趁乱混进了粮店的后院。非常失望的是,不要说好玩的,除了几间小瓦房,简直什么东西都没有,院子湿漉漉、空荡荡的。我觉得受了骗。东东神秘一笑,熟练地拉我钻进一间小瓦房,黑暗中,他说:“吃吧,这是新果玉!”慢慢适应后,我眼前出现一只只叠起来的麻袋。东东用手抠出一个小洞,稍微用力一捅,果玉哗哗往下掉。先吃几粒再说!嚼在嘴里软软的,还带一股生腥味。原来是生的!有外婆的油余果玉做标杆,生的果玉,即使是新的,我也咽不下。东东可不管,一下子吃了好几把。

老宅的天井比较大。东东和我双手捂住口袋,逃也似的奔回来。东东说麻雀最喜欢吃果玉,要在天井里抓几只玩玩。他信心十足。小心地在青石板上将果玉碾碎,再滴上一点麻油。找来大竹匾,倒扣在青石板上,仅用一根筷子撑起一角,筷子上的麻绳延伸到藏在东厢房的我们手中。竹匾下的正中央,就是一堆果玉碎粒。枇杷树正结果。麻雀在天井的上方叽叽喳喳飞来飞去,降落的却很少。我和东东一人一手攥紧麻绳。一只麻雀来了。我的手心出汗了。它的犹犹豫豫加快了我们的心跳。令我们气愤的是,它居然将散落在竹匾周边的果玉打扫干净后,扑哧一下蹿向天空。

我和东东头上还带着外面杨柳枝编的“伪装帽”,一抬头看飞走的麻雀,“帽子”掉了下来。终于,一只麻雀走进竹匾。它不停地张望,一步步走向竹匾中间。我想赶快拉麻绳,被东东制止,他示意要等麻雀再走得深点。时间仿佛静止了。逮住麻雀的喜悦正一步步朝我们逼来。就在我们拉麻绳的一刹那,“咣当”一声,二舅推着自行车进了门。结果是,二舅被我逼迫着,去“王友吉”买了两小袋奶油果玉给我们补偿失去玩物的损失,补偿兴奋夭折的痛苦。

三珍斋

二舅手里托了个纸包，神神秘秘地放在他的卧室靠窗的书桌上，带上门出去了。我从后天井拨开窗，踮起脚去够那包东西，只碰到一只角，用力一抓，纸的一角破了。沮丧的是，里面还有一层绿色包装。

二舅回来了，平时不大喝酒的，居然买回来一只“小炮仗”(二两装的粮食白酒)。我从后天井突然冒出头，要二舅交代桌上那包东西。他赶紧让我小声，四下张望后放我进卧室。二舅的小天地，杂乱无章，还有一股异味。此时，他放松了神经，哼着小曲，将“小炮仗”瓶盖伸进上下牙之间，“噗”的一声，酒香出来了。他再三告诫我不能告诉其他人，特别是外婆。拆开纸包，原来还有一层荷叶包，打开，一整张荷叶摊开来,占了半张书桌。当中,一坨红烧肥肉!现在,酒香、肉香,混在小屋里,我感觉很实在。二舅挑了一块精点的给我,我在嘴里回味半天,二舅问我是不是与外婆烧的有很大区别。又肥又香之外,我似乎尝到一股怪怪的味道,这味道反过来又在衬托着肉香。看我皱着眉,二舅笑了,一口一块肥肉,再一口白酒,“靡靡之音”哼了出来。

后来我才知道,这就是“三珍斋”的猪头肉。外婆是坚决不让进门的。二舅那包肉,是他用店里的“处理水果”换来的“槽头肉”,猪头肉中的“处理肉”。二舅在“处理水果”里搭上些“非处理水果”,“三珍斋”的大师傅老胡自然也放了些鼻冲、招风进去。我吃到的大概就是八戒的鼻子吧。

“三珍斋”熟菜店与“张长兴”门面是并排的,形成吉利桥的两只犄角。老胡与二舅经常混在一起打牌抽烟, 他最看不起的就是“张长兴”的酱鸭。“面店就要下好面,酱鸭他们做得好个鬼了!”我对老胡印象不大好, 整条老街的乡邻没有哪个比得上他的块头,络腮胡子满嘴唾沫,我想老胡总有一天说话会喷出肉来的。

老胡家的肉实在太多了。而我吃得的肉太少了。老胡儿子绰号就叫“胖肉”。我难得到“胖肉”家里玩,就一次,记得特别牢。暑假里的一天,我们几个到“胖肉”家下“四国大战”。鏖战得过了午饭时间都不知道。我注意到,“胖肉”一个人溜到厨房。我跟过去,他正用手到一个大瓷茶缸里淘东西吃。我的馋虫也上来了。“胖肉”见只有我一个,就递给我吃,“少吃点啊!”清糟猪大肠!老胡真是个好手。以后我再没有吃过这样鲜美的大肠。肥肥的肠子,用清淡的手法做出来,最适合炎夏里一边听书,一边和着拍子大嚼。“哇!你让我们晚上吃什么啊!”一大瓷缸的肠子,就在我若有所思之间,统统报销。

老胡的手艺,老街的人都佩服,他的想法也引领“食潮”。手捧茶杯,嘴叼香烟,晃悠到我家,见外婆在切皮蛋,“师母啊!皮蛋不好切的,要用丝线勒!”果然盆里的皮蛋好看多了,不再蛋白与蛋黄分离。外婆只在上面浇酱油。老胡又说:“先滴虾子酱油, 再浇点麻油试试!”这种吃皮蛋的方法,老街居民都是老胡教的。

老胡在“三珍斋”的头牌熟菜,无疑是酱鸭。可惜的是,每次走过橱窗,馋虫爬出来都解不了馋。到经济条件允许,买回来吃半只酱鸭,却已经不是老胡烧的了,吃在嘴里,味道总归不对。酱鸭,还是挂着的最美味。

过了秋分,我心里会有所期盼。田地里,大大的“苏州青”茁壮成长。那些大青菜要经了深秋的第一场霜,才变得清甜可口。这当口,外婆会买回来,做一顿菜饭。菜饭的上面,是要加一块“三珍斋”酱肉的。苏式酱肉,不是红烧的,类似于苏式焖肉。精选五花肉加五香料秘制而成,其特点是不腻、不肥、鲜咸、香糯,特别是一层皮,放在菜饭里焐软,既有嚼劲,又把肉的所有味道带了进来。

“三珍斋”酱肉的秘方,应该掌握在老胡手里。“胖肉”高中毕业,没事可干。老胡帮他开了个熟食店。我去捧场,买了酱鸭、酱肉。终于吃到老胡亲自烧的酱鸭, 这卤汁就高出其他店不知多少倍,卤汁完全进入鸭体,每一条肉纤维都鲜香甜美。酱肉的味道,还是那么地道,火候还是那么精准,那融化在唇齿之间的味道,让我急切地想吃一顿菜饭。

老胡退休后,也不再到儿子店里。“三珍斋”拆迁前,就没有多少人去了。“胖肉”的店,倒发展成连锁加盟店了。

长妹

一个男孩猛地撞开弹簧门,冲到高出整整一个头的旧杉木柜台边,左手一只酱油瓶、右手两毛钱,气喘吁吁仰头高声喊道:“一角七酱油一斤!”柜台里的笑闹声有时会停止,有时仍在延续。分把钟的等待,男孩的手臂酸了,他不再喊叫,却用脚急促地踢柜台。这时,高个子长瓜子脸的青年女营业员嘟囔着慢腾腾走出来:“别踢别踢,来了!”从男孩手里接过钱和瓶子。男孩看着一斤黑红的酱油被徐徐压进瓶里,心定了。那个男孩就是30多年前的我。

老街首尾各有一家烟杂店。南端的,整条街的人都叫“王友吉”,公私合营前就有了,后来我查资料才知道大名叫“王颐吉老号”。北面的店是烟糖公司在原来仓库底子上开的,我们称为“新开店”,东西少又不杂,去的人比较少。烟糖公司为两个店配的营业员是相等的。据说一次开会的时候,“王友吉”职工造了反,强烈要求按照工作量分配营业员。就这样,高个子长瓜子脸的小胡从“新开店”调到了“王友吉”。

我双手托着“拷”好的酱油,盘算着口袋里剩余的三分钱怎么用掉。我爱吃的话梅糖两分钱一只,游戏一直用得着的橡皮筋一分钱两根。不知怎么的,我喜欢在小胡手上买东西,虽然她对我正眼看都不看一眼,嘴里要么吃着零食,要么与其他手插裤袋的营业员说话。

其他人似乎也喜欢与小胡搭讪,但长妹从不笑。有时我去打酱油、“拷”菜油时,她正忙着为其他人服务,穿着长长的米黄工作服,戴着青色的袖套。长妹留着长发,在凭票供应任何东西的年代,人们研究着她门前的刘海是怎样做成微鬈的。小胡身高超过一米七,每次从定量器里往瓶瓶罐罐里压酱油、菜油的时候,俯下身来的幅度都很大,长发也跟着散落下来,她便用手将头发挽到耳后根。好多人笑嘻嘻地看着。

最热衷挖掘新闻的就是二舅他们几个待业青年。才来几天,他们就把长妹底细摸个了清爽。最要紧的是她刚刚就业,没有对象。我惊奇地看着那几个歪瓜裂枣,发育不良、身形猥琐,居然还对小胡说三道四,什么盘儿不够亮;什么个子高得像“芦柴棒”;什么瓜子脸也要像西瓜子,偏偏搞了个香瓜子脸。“邓丽君多好!你们看过她的照片吗?甜甜的那才叫女人味啊!长妹一副苦大仇深的样子,不行不行!”二舅很会抓住重点分析问题。

“王友吉来了个长瓜子脸的长妹”的消息,估计就是二舅他们传出去的。店里来的人的确多了起来。原来的老营业员一轧苗头,没自己的事,索性懒懒地躲到一边,织毛衣、听半导体、假装发呆。柜台里面原本比外面店堂高出一个台阶,站在柜台外面的人,看长妹,总要仰视。她既辛苦又高兴,也因此高傲了好长一段时间,居高临下的感觉肯定不错。我猜她从柜台里看二舅他们,肯定不会觉得他们是杨子荣或者洪常青,应该与周扒皮、刁德一类似。人们对长妹的新鲜感就这样延续了一段时间,而那时我们最缺乏想象。

一直高高在上,就出了问题。长妹的同龄人,包括二舅他们陆续结婚了。我个头早已经超过柜台,酱油整瓶买了,菜油被食用调和油代替了。仿佛一夜之间,老街上冒出若干家烟杂店。我们出于感情与惯性,仍频频光顾“王友吉”。可长妹还没有从柜台里面高高的台阶上走下来。对我们这些老顾客,最多简单打个招呼,脸还是绷着。给她介绍的对象超过一个排,没一个被长妹看上。焦虑挂在她脸上,动不动就莫名发火。

幸好“王友吉”搞承包了,幸好店里的老油子一个个退休、调走了。长妹让所有人惊奇。她一个人承包了“王友吉”。索性她搬进了店里,卖掉零拷酱油、菜油的机器,扔掉一个个绍兴大酒瓮,立起一排排独立货架,里里外外都是忙碌的身影。她开始笑了。

不知从什么时候起,店里多了一个矮个男人。据消息灵通的二舅介绍,是从四川来的。也穿了一件长长的米黄工作服,可衣服的下摆几乎拖到地面。他天天踩着“黄鱼车”进货、送货。长瓜子脸上露出的笑容发自内心。外婆说,小胡这下可以轻松点了。称呼也在渐渐变化着,小胡、胡经理、老板。后来“王友吉”添了一个男孩子,长妹被越来越多的人叫“老板娘”。

老街进行街坊改造。街南面转角的“王友吉”在经历几十年风风雨雨后,终于关门大吉。改造后,取而代之的是一家著名平价药房连锁店,经营者是一对夫妻,男的矮个子,女的是一个长着长瓜子脸的,经常笑着的高个子中老年妇女。

我静静拐过街角,往药房里瞟了一眼,心里怀念那个弯腰打酱油的、神情严肃的、长瓜子脸的长妹。

印象,老街

三婶婶

三婶婶的男人不叫三叔叔,这是我积累人生经验的第一课。事实上,我一直没有见到过三婶婶的男人,直到那个暑热难当的黄昏。

老宅正对面以前也是一家大户人家。命运与老宅相差不多,也被分割成一个个单元。每户人家单独开门,古老的宅第平白多了很多眼睛。三婶婶带着女儿小兰住在斜对老宅的那扇门里。老街没有拓宽时,我喜欢在夏天黄昏从老井里打上井水,双脚一屈,冰凉的水从膝盖一直往下灌下。多余的水,奋力往街道泼过去,热气蒸腾起来,三婶婶家也朦胧了。过不多时,操着浓重常熟口音的三婶婶拎着竹凳、茶几,喊小兰出来吃晚饭。一看地上已经湿润,她开心地对我们说:蛮好蛮好!省得我拎水浇地了。

大块头三婶婶捧着大海碗喝着粥，瘦小的小兰端着小碗喝粥，茶几上是“王友吉”买来的酱菜,偶尔搭个把皮蛋。三婶婶微笑着，不时与路过的邻居打招呼。纺织厂是要上夜班的,三婶婶把门反锁，大声往里关照几句。乘风凉的人,总喜欢在她身后指指点点。

当穿着汗背心、平脚裤的秃顶老头出现在三婶婶家时,我根本没有意识到,那是一个悲剧的开始。

二舅嘴里肯定迸不出什么好词,但是多年以后,我还能清晰地记得他评价秃顶老头的第一句话,而且觉得再贴切不过了:作了老孽了!对过的贼,怎么死回来了啊?但是,当初我的注意力没有在秃顶老头身上。三婶婶家多了两个漂亮姑娘!

“你总归要提防点好!”

我家左邻陈医生夫人是热心人,那天将三婶婶拉到枇杷树下。

“你也知道我不会生小孩,小兰是苦命孩子。小萍是老陈的侄女,小敏是小萍同学,乡下来城里讨生活做的。”

“我的意思你也明白,老陈以前……对不对?”

“呵呵,现在不会了,不会了,小敏现在叫我们干爹干妈的,你放心。”

三婶婶家逐渐成为老街的焦点。二舅也开始与小萍、小敏她们熟络起来。秋天来到的时候,两个姑娘因为打扮而更加吸引人了。三婶婶家晚饭搬进屋子里吃了,她忙进忙出,窗户被油烟模糊。上夜班，三婶婶只是轻轻带上门,不说一句话向厂里走去。隐约地,我感觉到笑声传了出来。我猜那是谁的笑声,小兰、小萍还是小敏?这么小的房子,她们挤在一起很开心。我的眼皮开始打架,月亮躲进深厚的云层里。三婶婶家有了“主心骨”。

小萍、小敏都找了对象,冬天还没有到。二舅把烟蒂狠狠地用中指弹向高高的围墙。记得最清楚的是小敏的男朋友,高高瘦瘦的,还有点腼腆。出去看电影时,小敏主动挽住男友胳膊,灿烂地朝三婶婶家挥挥手。三婶婶站到人行道上,目送他们离开,微笑着。后来通过大家的记忆拼凑,才明显发现,秃顶老头从那时开始,在老街上出现的次数突然少了起来。我掐着指头,倒数第二次遇见他,噢!是在“王友吉”。我打酱油,他买烟。对营业员的唯唯诺诺,并没有招来好感。他前脚跨出店门,后脚长瓜子脸的长妹就“呸”一声:这个“四类分子”加“腐化分子”,不知道三婶婶怎么还要他回来的?别人在一旁讲:也许在里面改过自新了呢!长瓜子脸的长妹:杀掉我的头都不相信,我看他就是一个枪毙鬼。

世界上伟大的预言家,长瓜子脸的长妹可以算一个。当五花大绑的秃顶老头站在敞篷车上,从“司监”出来游街时,布告就贴在“司监”对过天线弄口。布告内容有一大半是案情介绍,二舅凑得最前,仔细研读。我爬上弄堂口的香樟树,不远处三婶婶家大门紧闭。秃顶老头经过家门,没有别一下头。二舅说,老死人一直在用眼睛瞄,不知道他在找谁。

三婶婶家门开得比我想象的来得早。恍惚中,似乎回到从前。三婶婶、小兰,平静地生活。二舅他们可不会平静。布告内容在他那里已经滚了几公里的雪球,真实性有待进一步查证。秃顶老头不幸就在那年“严打”的风口上，被告发奸污少女。种种迹象告诉我，小敏是关键人物，二舅甚至断言，就是小敏男友家扳倒了老头。急于结婚的小敏，实际想急于摆脱老头。外公也叹气：老崔也曾是个好语文老师，可惜了。二舅不这样认为：这种龌龊坯，谁做他学生倒霉。整个“文革”，秃顶老头一直在狱中。三婶婶经常带上小兰去看他。至于小萍、小敏，二舅的“听说”最多。出狱后，老头到乡下吹嘘，他和三婶婶各有一个顶替工作的名额。当看到小敏的时候，他决定让她们住到自己家。某些细节，二舅没有当着我面公开。

三婶婶还是对每一个路过的街邻微笑，也只是笑而已。小兰不久到外地读书去了。小萍怀孕的时候，来住过一个阶段。最意外的是，小敏也回来住了几天，她们洗衣服、扫地、买菜、烧菜、吃饭，平静得让我怀疑秃顶老头是否出现在三婶婶家里。

终于，在小敏离开的那个前夜，我听到了期待已久的撕心裂肺的哭声，那是组合曲，不知什么原因，我的心却舒畅起来了。

秘密

老宅的秘密都锁在外公的肚子里,他一离开我们,就像保险箱沉入海底。外婆更像一个局外人,冷眼看老宅的变迁,不说话、不评论。

那是清末的事了。外公的父亲与巡抚衙门里的衙役搭上了关系,决定卖掉市中心的房产,在当时较为冷清的胥门附近置地,建房。房子离巡抚衙门近,四开间门面也对外营业了,匾额上书四个大字:旗伞执事。颇有衙门用具专卖店的意思。红红火火了没几年,官家的钱没法赚了。曾外祖父将生意转向民间。于是,四开间门面里放满了来自各地的木材:上好的楠木、柚木,中等的香樟木、香柏木,次等的杉木、松木。为的是店铺的持续经营:专卖棺椁。

老街上的人对这店指指点点。先做官府,再做死人生意,是要经常烧烧高香的!曾外祖父接受了新思想,对风言风语根本不当一回事。他把心思都放在精心制作棺材和产品营销上。转型不久后,店铺便有了良好的信誉,收益达到了高峰。四开间门面、三进三院的老宅迎来了辉煌期。前厅、东西厢房住满了雇工,桐油味道缠绕着屋子里的每一根柱子。

经营的事情却插不上手,作为长子的外公,便无所事事地画画度日。那是一个雪天的晚上,他已经躺在床上,听到扑簌簌的雪声,突然画兴大发,跃起看雪景。后院种满了柿子树和桂花树。一位白衣老人坐在一个树墩上,任雪落在他的白衣上。突然,老人银发、银须的头颅掉落,滚到自己脚跟,哀怨地哭泣。外公因此得了一场大病。老街上的人又传说,那是槐树精,坐在刚刚被曾外祖父命令砍掉的老槐树墩上。他们纷纷猜测只怕外公将会一病不起了。

然而真正倒下的是曾外祖父。他爱子心切,多夜衣不解带陪在外公身边,患上了急性肺炎。当时他有没有用上“盘尼西林”,现在已不得而知,或许用了却不见效。曾外祖父走后,留下十七岁的外公,还有三个弟弟妹妹。店铺还持续经营着,掌管的是以前的账房先生。不久后,账房先生在市中心买地造房。他对外公报称生意大不如前。书生意气的外公本不喜欢经营,一盘算家财丰足,就对账房先生说,把店关了吧。

坐吃山空的日子来到了。老宅里一下子人少了,冷清了。外公却不急,悠然地写生作画,辅导学生,少了俗事,自得其乐。要开支了,从曾外祖父交到他手上的鎏金紫檀盒中抽出一根十两金条(俗称大黄鱼),去换成十根一两的金条(俗称小蚂蚱),再换成若干金戒指,戒指再兑成纸币。

原本这样的日子还可以坚持不少时日的,曾外祖父的确是一个经营良才,那些年积累的利润可以富二代的。痛恨的是,日本鬼子来了。那天外公与同学一起走在老街上,空袭警报急促响起。与此同时,鬼子的空中扫射也紧跟着到了。外公与同学几乎同时扑倒在地,他只是快了十分之一秒。同学身中数弹当场身亡。很多年以后,外公将走到生命尽头的时候,他对我说到了那个同学,叫什么名字,父亲开了一家胭脂店,母亲是绍兴人。他记得这么清楚,让我感觉像是昨天发生的事情。外公说,也许自己早就要去了,只是好多人代替了他。他是幸运的。

外公魂飞魄散地准备逃难。此时遇上一个难题,紫檀木盒子太重太大,逃难路上很招摇,极不安全。不知道当时是哪个亲戚出了个点子。让外公将金条沉到家里的老井中,这样既隐秘又保险。二十岁的外公认为这绝对是一个“金点子”,照做不误,一点没留后手。我每次听外公说到这里,总要问那个出点子“嫌疑犯”的名字,外公摇头,笑而不答。我承认,如果外公自己想出这个主意,又在月黑风高的夜里自己去实施,那么逃难回来的他,应该捞得到那些维系整个家庭生存的资产的。事实上,整个事件都是乱哄哄的,亲戚中逃难的时间总是有先后的,而老宅的门锁实在是任何人都挡不住的。

日本鬼子走后,外公对着抽干了水的老井发呆。面对绝境,他可以做的只有一件事:卖房子。于是,老宅慢慢变成我有记忆后看到的样子:没有门面房,失去西厢房,最遗憾的是丰富多彩的后院也改了他姓。几十年中,东厢房迎来送走了许多房客。卖房款、租金毕竟有限。外公出去教书了,外婆去刺绣厂上班了。

外公的兄弟姐妹离开了这个大家庭,奔赴全国各地,投入到建设新中国的伟大事业中去了。

老宅静默下来了。青苔渐渐地将老井四周湿润,两棵枇杷树茁壮成长。我开始记事、懂事。那个冬日下午,我在堂屋撩檐下做功课。一位中年妇女走进门,亲切地抚摸我的头,亲昵地叫我的小名。那是外公的小妹。当晚,我在餐桌上第一次听说关于古砚的事情。后来就被外公外婆问她成都气候怎样、生活怎样等打断。当古砚一词再出现在我耳边,老宅已经面临被拆迁的境地。二舅性子比较急,盯着外公,你看房子都快没有了,你还不告诉我们东西砌在哪里。外公还是一语不发,而外婆一直嘟囔着,不知道是真的还是假的。

外公在书房整理画作和书籍。我走进去。他站起身来,将手放在粗粗的庭柱上,轻轻拍出声音来。他对我说了一番话,我从未告诉过任何人。曾外祖父患病后,总觉得欠了老宅什么,或者老宅需要什么来镇一镇才好。他将祖传的一只宋代古砚,让懂风水的术士看过后,秘密地砌进老宅的墙内。外公说,父亲的愿望就是我们平安健康生存,现在他的目的达到了,古砚与老宅已经连成一体,何必人为分离?古砚与老宅永远留在我们的记忆里,不是更好?

那天傍晚,外公最后一次关上老宅的门,习惯性地将钥匙锁住,外婆轻轻在边上说,不锁了,我们不会来了。外公笑笑,好啊!

洪老老

其实,江南的雨季,是从一立春就开始了。

乍暖还寒的孟春黄昏,梧桐更兼细雨,总让人有点不知所措。石板街湿漉漉的,洪老老慢条斯理地从炊烟、煤烟中向老宅踱来。

多年后,我参观苏州刺绣研究所,被一幅人物头像绣品深深吸引。绣品中的老人戴着毡帽,头微微仰起,眼中透出莫名的孤高,而向前翘起的山羊胡,又是那样似曾相识。洪老老!虽然在自己的脑海里否定了许多次,但是这个念头仍然顽固地存在着。工作人员在我身边介绍说,这就是苏绣大师任嘒闲绣制的著名乱针绣作品《齐白石》。

打我记事起就知道,人的身份很重要。工人、军人、教师、农民,都挺好。就是不能没有职业,家里来了个无业的人,邻居会猜测,是不是犯了什么事,弄不好与反革命分子搭界,起码也是个投机倒把分子。洪老老没有职业,邻居们却不会乱猜。

晃进老宅之前,洪老老总要咳嗽两三声。其实外公在里面早就接到了我的“通报”,站在前院等着他了。两个老人相见的场景,与戏里演的相差不大,双手一拱,先道别来无恙,再问身体,笑着走进客厅的过程中,洪老老总要“问候”我们全家的身体,显出走方郎中的身份。外公是不问的。洪老老一人吃饱,全家无忧。

洪老老的身世,不要说我,连外公估计都没有搞清。他们的相识完全在于外公的“显摆”。外公是乡村教师,从小师从吴门画派大师顾仲华学艺。教学之余,喜欢替人画个画,写个对。农民群众十分喜爱这位老师。那天又在为学生家长写春联,村上老老少少围了几层。洪老老背着褡裢,迈着四方步凑过来。站在人群外手捻山羊胡摇头晃脑。外公写得兴起,只听见吴语中带有浙江腔的一声喝彩:“遒劲有力,汉魏风范!”在缺乏知识分子的环境里,洪老老迅速填补了外公的精神空缺。那时,洪老老被外公尊称为:“洪老”。

每次洪老老走进客厅,天总归暗了下来,外婆的晚饭也准备得差不多了。在厨房间端菜的她低声嘀咕着,江湖啊江湖。我却不这么认为。马上会有我的好事呢。我们家除了烧菜的料酒,没有可供洪老老吃的酒。每到这个时候,洪老老总会大声招呼我过去,从身边挖出一包糖之类的东西,再拿出一角钱,让我去拷半斤“五加皮”。在外公家的时日里,每次他总是变换着给我小吃食,梨膏糖、五香陈皮、粽子糖等等。

我捧着碗一粒一粒扒拉着饭,仔细看着洪老老。一碗酒下肚,他调侃外公不喝酒就不能体会这“五加皮”活血去湿、舒筋解疲、强肌健身的好处。洪老老比外公年长十多岁,当时已经七十多岁了。有点像“弯扁担”,外表看起来弓腰曲背,跌跌撞撞,思路却是清晰得很,特别是讲到兴奋处,平时微眯的三角眼会射出精光。走方郎中的特点是见多识广,洪老老上知天文,下晓地理,中通人情世故。缺点也在这里,只识皮毛,不见筋骨。其他事情或许在外公面前卖弄一下还过得了关,不料有一次洪老老“五加皮”喝多了点,起了“书画兴”。让我铺纸研墨,大展身手。外公对他所讲的才艺一直深信不疑,也想一睹“洪老”的书画风采。当时的情景有点模糊了。很可能我前期准备工作时间长了点,洪老老酒有点醒了。后来他只是写了一幅字,字的内容我没有记住,但是那一笔字我忘不了。外公对他的认识也就从“洪老”下降到“洪老老”了。

评弹中,认某人是大家,就称某老。年长一些的普通人,称老某。某老老,比较特殊,带有戏谑的感情色彩,褒义成分居多。某老老比老某显得高贵,但比某老相差甚远。虽然我们嘴上还是称他为“洪老”,但就因为这一笔“蝌蚪文”,背地里和心里正合了“洪老老”这称呼了。这个“雅号”一出,连洪老老拿手的国画兰花,也被二舅那帮人讥讽为“抖”出来的了。现场作画的次数多了,洪老老自然听到好些评价。有一次画好之后,他手捻山羊胡,脸朝天空自言自语道:“手抖心不抖,兰花神不晃!五加皮的拿来!”

不管家里人背后讲洪老老江湖也好,老糊涂也罢,我对他还是充满好感。何况他教我们的那些小窍门还真管用。比如,在严肃的会场上,你突然想放屁,怎么办?洪老老自有绝招。他摇头晃脑地说:“屁乃肚中之气也,不放影响肠胃功能。只要用舌舔住上腭,缓缓释放,包你在大庭广众之中悄无声息。”我紧接着问:“那臭味呢?”大家哈哈笑了起来。二舅有一次神秘地告诉我,那天开会他真的用了洪老老的方法,害得大家你怀疑我,我怀疑你,那情景别提多有趣了。洪老老还教大家几个小验方,都是用偏僻生物做药引,所以只是听过而已。兴致高的时候,洪老老会唱几口京剧,几句越剧,几段评弹。老宅宽阔阴沉的厅堂内,多了个洪老老就明亮起来了。

洪老老的岁数大了起来。来老宅看望外公的次数也少了。连外婆也开始牵挂他,说这个江湖郎中也真是的,家里没有吃的时候经常来,现在条件好了,人影也不见了。记不得哪次是洪老老最后出现在老宅里了,似乎就这样他不再来了,就像邂逅外公那样顺理成章。过了若干年,外公突然冒出来一句:洪老老如果在的话,要九十多岁了啊。我茫然地望着灰暗得即将滴雨下来的天空。

石板街依旧潮湿,洪老老从老宅走出,佝偻着的背影渐渐在昏暗的路灯下消失。

枇杷树

老宅里有两棵树,一棵白沙枇杷,一棵红沙枇杷。据说是二舅小时候随意将枇杷核吐在墙角长出来的。

家里人都不大懂怎样服侍枇杷树，就采取了最原始的方法,顺其自然。结果到我记事时,两棵树都已高高大大地将枝叶伸出了院墙。后来到东山西山,才知道经过人工精心培育的枇杷树都只长到一人多高,金黄的果实随手可摘。

枇杷树是落叶的,但不是全都落掉。老叶、残叶在秋风里纷纷掉落地面,秋天咳嗽的人多,上门来向我家要枇杷叶的邻居总有不少。我喜欢把枇杷叶放在水塘里,在叶子的根部涂上些圆珠笔油,这样就成了一条“带动力”的船了。伙伴们喜欢这样的游戏,让我偷偷摘些枇杷叶,心急慌忙的我总是将树枝带叶一起折断冲出家门。每次回到家等待我的是一顿“熏鱼”。但是,爬上树捉“皮虫”,外公外婆是认可的。那些虫子也不知从哪里爬出来的,当我们发现时,它已躲进厚厚的“皮袄”里。皮袄由枇杷树叶做成,优哉游哉地挂在树叶底下,虫害多的时候,满眼都是那些纺锤形的悬挂物。我兴奋地爬上树顶,左一个右一个摘下虫子,撕开它的伪装,一条肥肥的黑色小虫惊慌地爬走。对付这样的害虫,我最得意的方法是引来蚂蚁,让蚂蚁军队把小黑虫活生生地扛进蚁穴。我认为益虫蚂蚁在我的帮助下,今冬就有口粮了,自豪而满足!当然,我的兴趣还是在观看蚂蚁与“皮虫”的搏斗上,激战有时会长达一个多小时,蚂蚁军队总能将最强壮的“皮虫”制服。我内心充满对蚂蚁的特殊好感。

枇杷开花的季节在冬季,花很小,白中带黄,那个时候,外公外婆会站到树底下,仔仔细细地数花骨朵,根据每年开花的多少,判断出来年枇杷是大年还是小年。每次下雪,枇杷树都是最好看的,随意在叶子上取下积雪,都是锥形的,是一把锋利的剑。也因为这个原因,枇杷树的承雪量很重。我拿起竹竿,欢天喜地地拍打着树枝,又一场“大雪”突袭而至,抖落一身。

春天的枇杷树,枝繁叶茂,开始孕育果实。躺在床上,听着外面风吹树叶的沙沙声,想象着采枇杷的情景,我总是能够做一个甜美的梦。在梦里,有伙伴们的嬉闹声,而此时的枇杷树也跟着我们的节奏唱歌。

初夏时节,本地水果罕见,此时,枇杷成熟了,被称为“金果”。白沙枇杷果实稍小,但是甜。红沙的那棵,果实像乒乓球大小,但吃口远不如白沙。经过改良,现在市场上已经找不到红沙枇杷了。其实早在果实发青的时候,我和要好的伙伴们就开始行动了。我们一起偷偷爬上树枝东采一只西摘一个,兜在衣服里,找个墙角,连擦的环节都省去了,快速把整个枇杷送进嘴里,酸中带甜的味道,夹杂着“偷”来的刺激,脸上、手上黏糊糊的一道道黑斑。老人总是对我说,照这样下去,还不到枇杷熟,就都被你们采完了。可是,他们又怎么能理解我们偷偷采摘生果的兴奋呢?到了大量采摘的时候,我却失去了吃果实的兴趣,看着老人一盆一盆地送给亲戚和邻居,也无动于衷。大家说我吃腻了,实在是应该说我玩腻了才对。

经过亲戚指点,有个阶段,外公开始为两棵树施肥、修剪,效果实在不怎么样,树被修得稀稀拉拉的,高度也降下来了,以前威风凛凛的枇杷树变得孱弱。果然过了一年多,靠里面的那棵红沙树出现了死亡的迹象,不再开花结果。可能是受到几十年伙伴的影响,白沙树那年深秋落叶异常多,来年春天却不大看得见嫩绿的新叶长出。外婆说,这树好像在安排自己的归宿了。红沙树死后,树干仍然挺立着。白沙树的果实越结越少,越结越小,后来我们只能站在树下看看而已了。

突然一年,枇杷树来了个大年,初夏时节摘下的果实有好几盆,而且恢复了往日的甘甜。正当我们喜悦地品尝枇杷金果的时候,老宅拆迁通知书也到了。

我们搬走的那天,我一遍一遍地抚摸着树干,风过处,树叶沙沙响,是对我的回应。搬走后的每天,我上下班都骑车绕道经过老宅,连续几天,枇杷树都挺立着。第七天,树倒下了。我知道,枇杷树从此只能写入记忆了。

外婆知道后说,这树通人性呢。我说,是的。

铁树

长在枇杷树下的铁树,颜色渐渐变深,针叶越发扎人。然后,老宅要拆迁了。两个头戴草帽的花匠,抬走它。泥土滴滴答答钻出盆底,从枇杷树下一直延伸到老街上。外公看着,默不作声。外婆拿起扫帚,从街上将花泥一路扫回来,用簸箕收起,覆盖在枇杷树的根部。

一个阴雨的星期天早晨,老宅的门被轻轻推开,两个乡下孩子探头探脑。正在吃早点的外公注意到了,马上让他们进来。他的两个学生不肯,僵在门口。考取了县中,来感谢外公。礼物藏在身后。外公一直很严肃,他们不敢开口。突然间,两人使了个眼色,向老师鞠一躬,撒腿跑了。一棵小铁树,留在老宅门口。

外公一边笑着,一边摇头,把铁树装进小花盆。我用手摸铁树叶子，嫩滑，不扎手。二舅看了一眼，就发表议论：“铁树没有观赏价值，又难养活，不当心还会刺到人，我看不如送人做个人情算了。”外公把铁树端端正正摆放在枇杷树下，头也不抬地说了句，“我看谁敢动一下这棵铁树！”

有一阶段，我每天放学的第一件事，就是蹲在那里看铁树。听同学讲，铁树是稀罕植物，能活两三百岁。缺点是长得慢，铁树开花更是稀罕事。我怎么相信他们的话，天天到学校报告说铁树长高了、长大了。同学们拥过来看铁树，我的表述中，铁树已经半人高了。等到大家一哄而散，我才回到现实。铁树与来的时候实在没有什么区别。

只有外婆，隔三岔五地浇水。外公那个阶段没有心情侍弄花草。在学校说了几句正直的话，被“发配”到偏远乡村教书。外婆背后嘀咕，你外公这个臭脾气改不了。他回家，有时看一眼铁树，出一会神。大多数时候，什么都不管，关进书房写字、作画。

铁树死了！冬天来临的时候，我就看到铁树不祥的预兆。平时韧性十足的针叶，此时只需轻轻一碰，便折断摔落在地。我告诉全家人，大家既麻木，又不知道如何施救。外婆将铁树搬进客堂间，避免被冻死。可铁树还是死了。叶落精光，深褐色的茎干没有一点生机。既然死了，就不把它当回事了。二舅第一个随手将烟灰弹在盆里，接着，他的狐朋狗友把铁树当作烟缸。一个周末，外公终于发现了被扔在客堂角落的铁树。他先是一怔，随后，打扫干净盆内的杂物。小心地将铁树移出，植入另外一个大盆。施上肥料，浇上水，放到枇杷树下原来的位置。我们静静地等待着。

又是我第一个发现,铁树的茎干上,长出了绒毛。这是一个春天的午后。外公已经退休,被聘为专科学校的国画教师。与我大声叫喊的兴奋不同,外公仔细地用放大镜照着茎干,像要从里面找出些什么来的样子。“现在好了,一切顺了,顺了。”老人在说给铁树听,铁树是活的了。连枇杷树都笑了。

新鲜一过,我自然玩别的去了。外公一直在它身边。铁树自然、蓬勃生长。叶子“泼辣辣”地展开,色泽苍翠。茎干粗壮、高大起来。外公作画,松、石、泉。我问他,怎么不画身边的铁树。他看看铁树,又看看我,继续画,没有回答。

铁树开花了,长椭圆形,挺立在青绿的羽叶之中,黄褐色的花球。一家人激动得围在一起,只会说一句话:不容易,不容易啊!刚抱上胖儿子的二舅,脾气改了不少。拿出点知识炫耀:“这是雄树开花。南方铁树开花,不稀奇,在这里,虽然不说千年的铁树才开花,那也得二三十年的才有可能开啊!”外公的好多同事、学生、朋友都来观赏。专攻花鸟的陶老师说了一句话:“这铁树也阅尽世间沧桑呢。”外公听后沉默了些时候。

外公要将铁树送给花匠,大家都反对。拆迁后,尽管没了天井,可阳台上养铁树,足够了的。外公却说:“我不再养铁树了。”态度坚决,容不得商量。

外婆将铁树盆里滴落的泥土,轻轻撒在枇杷树下,风吹过,枝头哗哗作响,几片枇杷树叶抖落在地。外公绕开地上落叶,走进书房。

老井

整个秋季,我都没怎么出门。斑驳的窗台,和旁边被凤尾草包围的老井,被我的手指抚划了无数遍。拔下一根将要失去光泽的凤尾草,撩拨嘴唇上即将长出的髭毛。我把头伸进井栏,声息被隔绝。水面比夏季来得深,光影里,枇杷树的枝叶探头探脑。我继续往下探身,青苔密布,蜒蚰缓慢爬行,一股霉湿味。

井底的淤泥里静静地躺着什么呢?我够不着水,用草去试探,碰出一个个圆圈。外公说,这口井通运河。深夜,经常听见井里扑通声,难道有人借道去运河?我继续努力,身子倒挂,粗壮的井栏牢牢勾住脚。似乎有一个声音,在井底呼唤我。美的声调,美的幻觉。我暗暗用力挣脱井栏的阻挡,向下,再向下。光明安静在深邃的井底。

二舅一把将我从井里拔出来。恶声恶气地骂了句:“小子太顽皮了!”只有我知道,那不是顽皮。

老宅的这口井,是家井。井栏不是普通的青石,而是金山石。外公的祖父择地建宅的时候,风水先生认为三进宅院应当有两口井。一口凿在西南角,一口在西北角。西北角的那口井,已经异姓。老井边上,枇杷树婆婆娑娑。抗战时,外公将一家的财富倾倒在老井里,结果被人偷窃,家道由此中落。

又一年春天,大水。井水漫到井沿。鱼出现了,泼辣、泼辣的声响,我在月光下走近老井。倒影里一个我的头,一个圆月,被枇杷树叶稍稍遮挡。水里有波纹,鱼在水里上下游动。我感觉神秘的力量,从井底涌出。头上的月亮知道一切。天亮后,我再次来到井边,水退下去了,井栏上爬满了蜒蚰。没有鱼,没有声息,一切没有发生。我还是要上学去,打开老宅的门,自行车喧闹着冲进冲出。

落雪了。老井全部被白色覆盖。飘进井里的雪,还不及碰到水面,就被暖湿向上的水汽融化了。我用吊桶打上一桶水。双手焐进暖暖的水里。我相信,这井通运河,而运河通长江,长江通向大海。老井是海的一个眼睛。二舅前些时候,曾经往井里扔了十来条鱼,过了几天,一条都不见了。经历春天那个月夜事情的我知道,那些鱼,正在通往大海的路上。我呢?只能把井边清理出来的雪,堆成小雪人,又捧到井边,扔进去。缓缓地溶解,雪人就是我。

难得的干旱来了。自来水限量供应。外公探头往老井里望望说,让人来清清淤吧。抽出来的水味道难闻,夹杂着黑色的井泥。师傅们将井泥覆盖在枇杷树根部,肥沃又营养的土。隔壁张先生来要一些井泥。老人说备在厨房间,遇有油锅烫伤,可以及时敷用。

二舅和我一样,把眼睛瞪得大大的。生怕错过藏在黑黑的泥里的宝贝。几个破瓶子、几坨铁块、几只破碗。我们伸头进去仔细察看,井底光亮如新。倒是枇杷树受了滋润,在风中摇摆。

终于到了三伏天。我不再用手剥去窗台上的墙灰,不再围绕着老井观察。我参加了学校篮球队,忙着训练。学校联赛马上要开始,我们练得很辛苦。每天回来,洗好澡,坐在老井边上看书。井里吊着一只西瓜、两瓶酸梅汤。与肩膀、脚底的酸痛形成对比的是读书的舒适酣畅。阴湿的井边,蚊子很多。井边的孩子,患得患失。

大家在赛场上拼搏的时候,我选择了逃避,穿着比赛服,静静地坐在井沿上。伙伴们高声呼喝着从老宅门口经过。我回头望望井中男孩,黑黢黢看不真切。

秋夜

今日秋分,太阳直射赤道,昼夜平分,暑气消散,秋天来临。从八月初立秋开始,大伙儿就在盼秋老虎赶快过去。到底一天天地凉爽起来了,燥热少见了,心自然静了下来。于是,听觉灵敏起来了,原来秋夜是用来听的。

夜凉如水,躺在还未撤下去的凉席上,窗外传来秋虫呢喃。薄薄的窗帘后,满天星斗,一闪一闪地唱着歌,这声音应当发自宇宙。我想有可能还来自天堂。外公离开我已经整整一年了。那天凌晨,我已经记不得有没有秋虫的声息,只知道开车、加速,然后看见一轮冷月圆满了,我心里说,外公也是圆满了。直到他安息,我才注意到医院的小天井里,蟋蟀声响成一片。我从小生活在外公外婆身边,外公威严、外婆慈爱,若干年后,才发现外公的精神深深烙进我的灵魂。现在,心情浮躁的时候,我会站在外公生前创作的山水画前,看那些遒劲的松树、飞泻的瀑布、突兀的岩石,以及观瀑的隐士。画的背后,是他对这繁杂世界的理解,对心灵休憩地的写照。他甚至没有与我说过一句关于内心世界的话,我们的长辈都不善于将自己的想法与亲密的人共享。外公与同事、学生却每次相谈甚欢。或许在他看来,我们是外行,个中味道只有行家能够体会。

外公最喜欢的玩物是蟋蟀。白露一过,他从乡村学校归来后,老宅天井就热闹了。几个大网兜里都是竹节,两面用青草塞住,我们都知道里面是“无敌大将军”。赶快打上一大桶井水,噼里啪啦将竹节里的蟋蟀拍在水桶里,围着看哪个上得了品。外公却不急,慢条斯理地在外婆准备好的脸盆里洗脸、洗手,然后端着茶杯,喝着外婆泡好的茶,来看那些战利品。年轻时,外公养的那条赚绩(苏州话蟋蟀)曾经在入冬后的上海连赢三场,成为本地报纸焦点娱乐新闻。我们看好的那些蟋蟀大多数被外公“放生”,而一些并不起眼的虫子,却被他精心养在紫砂蟋蟀罐里。入夜,蟋蟀声此起彼伏,院子里欢声一片,外公留下的却不见叫声。我问他原因,他笑着说:闷声不响的才是厉害角色!

我们几个伙伴心痒痒的,就约好出去捉蟋蟀,网兜、竹节、电筒、螺丝刀等工具备了个整齐。哪里的虫子最好?当然是辣椒地里的!偷偷骑着大人的自行车,集合在郊区附近。一脚深一脚浅地往所谓的辣椒地进发。头顶是星空无垠,周围是虫声连绵。常常受不了虫声的诱惑,“我敢保证在我右脚大石块下的那只沙喉咙肯定是极品”。虽然后来才知道“极品”原来可以卖钱的,但当时只要听见这两个字,马上热血沸腾。我印象中,每次都没有到过所谓的辣椒地。在途中,我们就大翻特翻起来。结果可想而知,被看夜的老农撵得哇哇直叫、丢盔卸甲,狼狈地逃回家。“小三子”跑得慢,有几次被老农逮住,剥衣剥裤,让家长、老师来领人。害得我们每人罚抄二十遍《邱少云》。

虽然有惊险成分,但是这种没有功利性的行动,从一开始就充满浪漫。我们争着辨别出秋虫的叫声,而纺织娘是最引人注目的。这种比螳螂稍大些的昆虫,居然能够发出纺织机的咔嚓咔嚓声,一开始我们都不敢相信自己的眼睛。金蛉、黄蛉等对于我们这些小玩家来说,基本上是只能闻其声,不能见其影。金蛉、黄蛉的身体很小,叫声悠扬。苏州人历来有饲养大黄蛉的习俗,即使在寒冷的冬天,高手怀中的大黄蛉仍会愉快地歌唱,让人痒痒地享受着生活。除了叫得出名的有限几个品种,在广阔田野里欢唱的,都是无名的秋虫。这些经过一年孕育、蛰伏的虫子,在秋高气爽的季节,得以高歌,或许天亮之前它们就会离开,但是今夜它们仍会欢唱,那是生命之歌。

我躺在床上,秋虫鸣叫声不绝于耳。秋夜是属于小小的虫子的。但我知道,只要北方有冷空气来袭,明夜的声音会低很多。当秋叶飘零,枫叶火红时,虫声稀落。而当我们将自己封闭在室内的时候,夜半,万籁俱寂。什么时候是人的鸣唱期?或许有的人一辈子都没有发出声音,外公说过,不声不响的才是厉害角色。

墙脚跟的阳光

也许是空调制冷不均匀,睡着的时候,我上半身热,下半身冷。被子盖了踢,踢了盖,连梦境都是忙碌的。昔日重来!我既想回到从前,又不愿触及往事。

朦胧中,我呼吸到久违的自由的气息。随之而来的是一缕冬日阳光穿透飞檐翘角,打在老宅天井墙脚跟上,阴湿的天井有了生气。我不是忧郁的少年,此时脚跟踩住光线,正忙着与隔壁的女同学交谈。我的全身都是放开的细胞,唯一需要注意的是那一缕阳光正逐渐升高、昏黄,也在提醒我,抓紧时间,多说几句话。

说话的内容显然不重要,只要说着、笑着,轻快地做几个动作,就很完美了。她就是这样完美。我的记忆中除了笑,好像其他表情都与她无关。但是,正是她,让少年的我变得郁郁寡欢。

她以自己的方式,抗争家长为她选择的学习、就业之路。天井里的那一幕定格为一幅画,笑容永远凝固在我脑海。墙脚跟的阳光就这样猝然消失。那一年,生与死的思考过早地进入我的脑子,高高瘦瘦的我,走起路来,弓背前倾,难得抬头,仿佛这样子才是正在思考、探索的人。努力去想的结果,现在已不得而知。但是从留下的痕迹来看,似乎是那时对宗教等产生了浓厚兴趣。我寻找理论,证明:一个善良的人,不会因肉体的消失而灭亡。结果,我心胸开朗了很多。

我开始相信轮回与报应。坚定的信念,来自于对麻木、恶俗、低劣邻居的无比厌恶。在他们嘴里,这是一个故事,完全与这条有着九百年历史的老街不相干, 与她整天碰头就尊称为长辈的人不相干。我低头走路,不想看见那些人。

渐渐地,麻醉剂般的时间把一切痕迹都冲刷得干干净净。生与死的课题暂时被我放下, 年少的我自然又为其他烦躁的事情所困扰。但是,有一夜,我梦见了她。梦中的她仍然笑得灿烂,我闻到了芳香,听到了环绕天井里的笑声。是不是给了我什么暗示?我很迷信。

放学后,我独自来到她家门口。一群鸽子在黄昏的阳光里拍击着翅膀,斜斜的冬日暖阳照在我的脚上,仿佛帮我唤回温馨的记忆。我不知道那天是什么日子,只记得在阳光悄悄抽走自己脚步的那一瞬间,一阵风送来一串银铃般的笑声。

雨天

我从小生活在弹石路面的小街巷里，各家的房屋飞檐翘角,好像一直在等待雨水的来临。雨天,淅淅沥沥的雨落在中空的瓦上,发出轻微的共鸣,然后汇入瓦垅向下奔淌。小时的我喜欢搬个小凳子坐在窗前(江南老房子的客厅都是由一排落地长窗组成),呆呆看着如泉水般倾泻而下的雨,最终翻过屋檐,结结实实地砸在青砖上,噼噼啪啪,水花四溅。经年累月的滴水,将青砖钻出一排小洞。小小的我明白了一个大道理,仔细观察最平常的现象,经过思考也能从中获得启发。

江南,最绵长的,是夏初的梅雨。在短则半月长则一个月的时间里,抓一把空气在手中,使劲一拧,仿佛就有水滴下来。住在小巷深处老宅里的长辈们有个习惯,黄梅天过后,彻底翻晒衣物。冬季的、春天的衣服,被一件件、一样样地平铺在竹床和卸下来的门板上,在刚入伏烈日的暴晒下,带走了梅雨的湿气,发出阵阵樟木香。我跟在长辈后头,东翻翻西看看,听着他们说这件衣服的来历,那条棉被的意义,被他们带到遥远的旧时光。稍大后发现,那些被翻出来晒太阳的衣物,因款式、材料等原因,基本上已经退出现实生活。原来,长辈们是借这样的习俗进行怀旧的。

工作后,有好长一段时间需要我成天走街串户。户外工作,当然希望不要下雨。但是,经历了几场雨后,我开始喜欢在雨天里工作。如果大家都是朝九晚五上下班的,那么对上午十点半的街巷肯定是陌生的。刚开始,我也是陌生的,特别在雨天,格外与众不同。十多年前,古城的小街巷在雨天宁静得迷人。有时候,长达几百米的石板街,除了雨水滴落的声音,就是自己踩着湿漉漉石板的脚步声。再走进逼仄一点的弄堂,脚步的回声响起,和雨声一起成为交响曲。敲门,走进弄堂人家,满屋已是饭菜四溢的香味,青韭菜、紫茄子、红番茄随意放在屋檐下,任撩檐水冲刷。主人问候声,吴侬细语,像被水汽粘住了,一直裹在屋里,发散不出去。这倒也应了江南人的性格:精细地生活着,却不愿意跨出家乡一步。

前些天,同事之间闲聊,都说怕写东西。我说自己真的挺喜欢只坐在办公室写东西,虽然自己写得实在不怎么样。几年前,通常是这样的情况,一上班就被领导叫去,布置一个写东西的任务,再重点关照何时交卷。拿到任务,特别拟写一些重要稿子,我就可以啥事不管了。我为自己找了间没有门牌、没有电话、不能上网的房间，打开窗子，听雨稀稀落落地在下。静静地坐下，听着雨声开始摆弄官样文章。平常不经意的事情，会在雨天放大。“叽叽喳喳”声传来，循声看去，原来是楼下那片茂盛的樱花林的住客在迎着风雨高歌。隔壁的住宅楼里，分明有琵琶声穿透雨丝，断续传来。“移船相近邀相见，犹抱琵琶半遮面。”我暗自念起《琵琶行》。没有喧嚣，没有打扰，写作在悠闲的状态下进行。几年间，我居然一次都没有拖拉任务，都“圆满地完成了上级交给我的光荣而艰巨”的写作任务。

郁达夫在《苏州烟雨记》中，说自己第一次踏上苏州，就遭遇了一场“说来就来的雨”，郁达夫望着雨中芳草青绿，树林疏淡，城墙蜿蜒，城河浅浅，随马蹄嗒嗒，坐在马车里作起诗来，并把这段雨中游历写成了名篇。窗外又开始飘雨，在这个冬雨天，再次让我想起了那些美好的旧事。感谢雨天在我不同的人生阶段都带给我心灵的熨帖与宁静，让我热爱平凡的生活和平淡得容易忽略的日子。我更懂得珍惜就像生命中这些因熟视无睹而从身边“走失”的雨滴。

新景

已经很久没有走到老街了。当我再次走过吉利桥,在老街上闲逛,才知道这里不再是记忆中的“她”。

农历小雪了。北方人应该很难适应这样阴冷的气候,微雨后滑滑的石板透出来的清冷,却是我熟悉的味道。老宅朝西而置,高高大大的厅堂夏热冬凉。只有北厢房,冬天的阳光都能射得外公的宣纸发黄。从学校奔冲回来的我,喜欢在东厢房吃午饭,将外婆烧得滚烫的烂糊白菜浇在白饭上,一边大口大口吃,一边看着眼前袅袅腾起的热气。幸福也就是这样了。如果雨天,老街的泥会粘在裤腿上、鞋子上,我一遍又一遍地在阶沿边摩擦鞋子,磨蹭着时间。家里的小猫兴奋地爬着木窗,马上要开饭了。透过大门,我看着走过门口的人,偶尔熟悉的人往里面探一下头,绝大多数在冬雨里匆匆闪过。

老街亮起了灯火。几个小伙子结伴而行,与我擦肩而过。他们大声谈论着彩票,操着浓重的北方口音。老街沿河的角落,孤零零地竖了个电话亭,一位穿着粉红棉睡衣裤的姑娘用高分贝的,我听不懂一个字的方言,对着话筒倾诉。水果摊上,老板娘与顾客开着玩笑,爽朗的笑声让我感到,老街属于他们,我们退出了这块阵地。宽阔的柏油马路,很陌生。逼仄湿滑的石板街,走上去才妥帖。小时候我最要好的玩伴,是外地移民的儿子。一条船,从北方漂到老街边的河道,不走了。我喜欢到他家玩。人多,玩的花样也就多。又没有什么清规戒律,想玩什么就玩什么。有一阵子,喜欢上烧东西,买上一盒火柴,见什么烧什么,差点将他家房门都烧掉。

厚厚的窗帘后面,我似乎听到了些吴侬软语,却很微弱。以前冬天,老街上的人们很早就躲进屋子,泡一壶茶,听着"广播书场"。高兴时,脚伸进木脚盆受到热水的刺激,一句:"张教头是怒满胸膛",唱得高亢激昂,乐在其中。有时候,我会溜出老宅,叫上几个伙伴去"探险"。老街 160 号,"文革"期间有人上吊死在备弄里。备弄终日阴暗潮湿,仅靠屋脊上的几个小天窗透亮。街上的人说,月亮不见的时候,冤魂要出来讨债。冬日夜晚,备弄里伸手不见五指。我们战战兢兢从门口朝里走,只要有一点风吹草动,马上高喊"吊死鬼来了!"跌跌撞撞冲出来,喘着粗气,定下神来畅快地笑。记忆中,没有一次在夜里走完 160 号里备弄的。

老街要休息了,店面打烊,玻璃门、卷帘门一锁。以前,那种老式的木门,关起来的声音吱吱呀呀,里面再上门栓,这种原始防盗措施明显比“司必灵锁”强得多。门关起来,也不能挡住老街的变迁。这个城市的精神“崇文、融和、创新、致远”。融合的程度,老街是个缩影,过去封闭、冷清的老街,现在开放、嘈杂,站在不同角度,有截然不同的解读。

我一转身,看见一家烟杂店,依稀有童年时“王友吉”的影子。

舌尖上的笑声

一碗面

一般来讲,南方人对面食的喜好实属一般。但是苏州人对本地的一碗面却情有独钟。

这一碗面的历史,可以追溯到南宋时期,大量的北人南迁,将面食习惯带到苏州。当时凡是面食均称之为饼,《靖康缃素杂记》记载:“凡以面为食具者,皆谓之饼:故火烧而食者,呼为烧饼;水瀹而食者,呼为汤饼;笼蒸而食者,呼为蒸饼。”汤饼也叫煮饼,宋代正处于向面条转型中,汤饼后的索饼,是面条的“祖先”。到了明清时期,苏州面馆业发展迅猛,通过苏州碑刻博物馆的一块《捐输碑》的信息可获悉,清光绪年间苏州面馆已达八十八家之多。

多年来,苏州人养成早餐一碗面的传统,对这一习俗进行精辟描述的是陆文夫先生,在小说《美食家》中,他将主人公天未竟亮,就坐黄包车赶到面馆吃“头汤面”的情景刻画得入木三分。原来这下面的水最重要,早晨一般面馆都要卖出好几百碗面,面汤水一浑,面碱味就重了,所以最好的是清水下出的第一碗面。

苏州的面馆几乎都是自家秘制的吊汤,俗话称“厨师的汤,艺人的腔”。隔夜用猪骨、鸡、鸭、鳝鱼骨等熬制成汤,一早起来再熬两个小时,才能吊足鲜头。小时候,老街与道前街口有家旧称为“张长兴”的面馆,当时家里人多,经常要去下一锅阳春面,我最喜欢接受这个任务。进入面馆,空气中夹杂着猪油香味、烟草和烧酒味道,我一直认为这是很温暖的味道。凑到取面窗口,师傅将一大勺汤放进锅里,一股喷香的猪骨汤味飘进我的鼻子,馋得直咽口水。

当时能吃上一碗阳春面就不错了,记忆中我们从不要浇头。下面师傅一手使长筷挑面,一手用笊篱啪、啪、啪地甩干面里的水分,往锅里、碗里一放,只露出一个“鲫鱼背”,再撒上一把大蒜叶,阳春面又香又好看。面是根根卷紧,我飞快走回家,挑面、分面,稀里哗啦将面吞进肚子,面非但不烂,还因吸足了汤水后更加入味。

工作后,兜里有了几张钞票,就不把妈妈做的早餐放在眼里了。一早出门就盘算到哪家面馆吃比较好。有一阶段,受了陆文夫先生的影响,早上六点一刻就出门,踏自行车到观前街东口的“新风面馆”吃头汤面。我估计那家面馆的前身肯定也叫“某某兴”之类,店里有位老师傅专门下面,干起活来懒懒散散,嘴边总是一根香烟。面筹给他之后,要等不少辰光。但是他下的小阔面确是一绝,面身蜷紧,汤水鲜美。阔面与一般面馆的龙须面不同,面料一定要有筋道,讲究的是有嚼劲,所以面出水的火候要掌握好。太早,面会生;太晚,面会烂。“新风面馆”不仅汤面出众,夏天出售的冷拌面也过瘾,面馆供应盛在瓷酒盅里的自制辣油,淋在面上,那叫一个爽。

而朱鸿兴、黄天源、观振兴、陆长兴、近水台、六宜楼等著名面馆供应的都是龙须面。虽然各面馆的特色不同,面香也迥然有异,但是面身都保持筋道,细面在宽汤里展开,香气四溢,食欲大开。现在各名号都开设分店,其间味道真有天壤之别,但是不设分号,面馆靠几块钱一碗面很难生存。不仅设分店,有的面馆一改只做早市的老传统,午市和夜市都红红火火地做着呢。

吃阳春面,我们也叫吃光面,就是免浇。后来面馆售面时,不许“免浇”了。生活也允许我“开开荤腥”了。我就与各式各样的苏式面浇打起了交道。据说浇头有数十种之多,我常吃的有焖肉、爆鱼、爆鳝、卤鸭、虾仁、炒肉、肉丝、牛肉、面筋、香菇、三鲜等。而且一般叫的是双浇,特别生日面一定要讨这个口彩的。浇头一般放置在面窗口内,面下好,浇头放上面。吃的时候,挑起面将浇头焐在面底,尤其像焖肉之类的浇头,高温中一焐,吃在嘴里香气四溢,肥而不腻,与面是绝配。现在像东吴面馆、同德兴等几家店,有现炒浇头供应,像炒鳝糊、炒三鲜、炒虾仁、炒肉丝、炒腰花等等,活脱脱一只只小份苏帮菜,更增添了一碗面的鲜头。

与小时候相比,现在的一碗面味道偏重了,汤色由以前的白汤过渡到现在的红汤, 以前调味的自制辣油改成现在的辣椒酱了,但是,我对一碗面还是情有独钟,一有空就会去感受那种鲜到脚跟的滋味,这实在是生活在这个城市的一种福气。

拌面

前些年出差到乌鲁木齐，住到会议安排的宾馆已经下午两点了,我们心想肯定没有饭吃了。不料服务员打来电话说一楼餐厅还在供应午餐,到三点才结束,让我们快去。哦,是时差的关系!我们连忙来到餐厅,正巧与同会报到的几位同行凑成一桌立即开吃。菜一会儿就上齐了,我们随口问主食,服务员答道:“牛肉拌面。”话音未落,一个大似面盆的盘子托上来,只见红红的一碗中,雪白的圆滚滚的面条蜿蜒当中,煞是好看。细细一品,面条筋道,牛肉喷香,番茄、西芹、洋葱鲜嫩可口,不愧为西北名点。吃着西北拌面,自然而然想起了苏式拌面,那可又是另一种风味了啊。

苏式面花式繁多,如果仅以汤水多寡分类,就可分为宽汤面、紧汤面和拌面。前文中所述的面,包括奥灶面,都是汤面。拌面不加汤,又有热拌和冷拌之分。有一阵,吃汤面多了,我就想换换口味,改吃拌面。当时天气凉了,冷拌面已无踪影,就吃热拌面。到取面窗口递上面票,喊一声:“葱油拌面、重青”,不一会,一碗洒满大蒜叶的“热拌”就端到我面前了。面还是蜷得紧紧的,只不过碗内没有汤,将面挑开,一股葱油香味扑面而来,筷子上下挑动,将拌面的调料拌均匀,此时的面已经全部舒展开来,拌面中的经典作料苏式虾子酱油使面的颜色鲜艳动人,一粒粒虾子黏附在面上,苏式面的精细可见一斑。葱油的香、虾子酱油的鲜,加上龙须面的细滑,一碗“葱油热拌”几筷子一挑,全进了肚子,享受着鲜香的感受,确实过瘾。最钟情于虞山面馆的热拌面。通常,要买三菇鳝糊面的。这当中大有讲究。拌面无汤,要靠浇头提味。炒鳝糊汤汁浓稠,附之香菇、平菇、蘑菇的清香鲜美,是拌面最佳搭档。趁汤汁没有被碗底的面吸干,快速将面在浇头里挑匀,拌好。面一点点吸收着汤汁,散发浇头带出的浓郁麦香,我慢慢感受面经过滋润变得厚重的变化,将似干未干的豪爽吞进肚中。

每年夏至一过,市面上开始出售苏州传统美食之一的冷拌面。别看热与冷仅一字之差,其制法却相去甚远。首先是面料,热拌选龙须面,冷拌面是以小阔面为主,兼有中阔、特阔(俗称裤带面)。前文提到的现已消亡的原观前街东口的“新风面馆”只售小阔面。夏至后,几乎每一家知名面馆都在显著位置摆出冷面摊。面落滚水,翻起,撩出,用大量冷开水过烫面,面冷后再过一次油,拌透,分挑入各碗,凉透待售。再讲作料,热拌是现制作料,挑面入碗,拌匀即可。冷拌面则必须先行“割”汤,各家名号均有拿手好料,祖传秘方,通常“割”好的汤看似与酱汤无异,但是内中自有乾坤。我知道当中必加两样:镇江香醋和糟油。香醋清爽开胃。糟油去腥解腻,是可口的夏天调味料。当初,在“新风面馆”,看着面师傅一手端碗,一手取勺舀汤后,往碗里一加,我就忍不住舔嘴唇了。一口面刚在嘴里,另一口面就跟了进来,基本上每次都会噎着。吃面前都会告诫自己,悠着点,悠着点,但还是没用,照样噎,久而久之,这种噎的感觉竟然成为吃冷拌面的经典记忆了。到现在,偶尔还会发生这种情形,于是放下筷,自己静一下,让面缓缓下去,人声鼎沸中,昔日光阴仿佛重现。冷拌面一般不叫浇头。我认为可配冷拌面的最佳浇头,莫过于“黄天源”的炒肉浇,用瘦肉、虾仁、香菇剁碎炒成,鲜香可口又清淡爽口。其次可选炒什锦、炒素之类的同样清淡的浇头。

奥灶面

十多年前,我们出差到昆山,当时乘的是老式金杯车,在 312 国道上足足颠簸一个半小时才能到目的地。亏得我们代表市里去的,所以安排住宿在“一招”(昆山市政府第一招待所)。昆山的朋友还是很客气的,隔天早上就邀请我们去吃奥灶面。

8 点刚过,我们就来到位于亭林路上的奥灶馆,没有踏进店门,就感受到热烈而嘈杂的面馆气氛,对我来说这太熟识和亲切了。面也是昆山朋友点的,出名的红油爆鱼面。

端上面来一看便知,与苏州面的最大不同在于汤色,虽然同属苏式面,但是奥灶面的色泽更鲜艳诱人。表面也是一样的撒上大蒜叶的“鲫鱼背”,面蜷紧在宽汤之中。我将爆鱼翻在面底,就迫不及待地尝了第一口汤。不料,顿时烫得我嘴唇起泡。在旁的昆山朋友连忙说这面与苏州面还有不一样的地方,讲究“五烫”:碗烫、汤烫、面烫、鱼烫、油烫。奥灶面特别讲究油和汤的配合,传统习惯是一层油要将汤覆盖,就像过桥米线的那层鸡油一样。我犯了经验主义的错误,将苏州冷碗盛汤,油较少的习惯等同于奥灶面了,因此吃了亏。

于是我将面高高挑起,稍微冷却后,第一口面下去,觉得吸足汤和油的面更香滑,一股烫烫的香味直钻体内,五脏六腑顿时被熨得服服帖帖。接着,我又比较出与苏州面的差异来了,就是胡椒味较重。一般苏式面不放胡椒,但是面馆供应胡椒瓶,可自取自用。我想大概是因为奥灶面汤的制作原料和过程与一般苏式面有别所致吧。苏式面一般用猪骨头、鸡、鸭、鳝鱼骨等熬制成汤,而奥灶面是用青鱼黏液、鳞、鳃和鱼血加作料秘制成汤的。我私下猜测这样总归有点腥味的,放了胡椒才可解吧。浇头是油爆青鱼块,汆得皮焦肉嫩,最厚实的鱼肉里头也充满了鲜味。说实话,自己吃面的时候一般不叫鱼浇头的,总觉得焖肉是苏式面的灵魂,吃了奥灶面才知道,鱼是奥灶面的根。

外地人都说,奥灶奥灶,奥妙在灶头的意思吧,其实不然,讲吴语的人都知道,奥灶就是“懊糟”,不太干净的意思。现在苏州人遇到湿度大的黄梅天,还会用这个词。当初同行用来诋毁奥灶馆创始人陈秀英的用词,现在却名扬四海。

后来也时常到昆山办事,但是迅捷的交通让我多年来一直无缘一早再去昆山奥灶馆。倒是在苏州胥城大厦这家星级宾馆内能经常品尝。如果讲昆山奥灶馆原汁原味的话,那么胥城的奥灶面在苏州城内算好的了。我细细品味之下,发现胥城面的几处改良和不足:一是油较少,许是健康的需要吧。二是汤不很烫,也可能宾馆出菜时间较长所致。三是浇头不热,胥城一般供应三种浇头:焖肉、爆鱼和卤鸭,都是冷的,爆鱼还略带些许腥味。

几天前, 那年陪我吃面的昆山朋友打来电话要我过去吃大闸蟹,我说蟹就免了,真想再去趟亭林路上的奥灶馆,这回嘴唇不会烫着了啊。他在电话里感慨:“十多年了, 难得你还记得我请你吃面啊。”其实,他不知道,这是一个爱苏式面的人的朴素情怀呢。

还是亭林路。半楼梯,“奥灶馆”三个字似曾相识。我们进了包厢。先是一碗白汤面,后面还有红汤面的原因,汤多面寡。配的是爊鸭浇头。面似乎不筋道,汤却格外鲜美,带有一股清香味,那是汤熬到了极致。重头戏上场了。红汤面配爆鱼。沉在浓郁红汤中的面吸饱了营养,品在口中,汤、面成为一体。爆鱼,很好,外略焦,里面干爽、肥嫩,极新鲜的鱼。朋友问我感受。我说,奥灶馆的空气中就飘着面香。

品“煠”蟹

这个季节最宜持螯赏菊,最佳的去处自然是阳澄湖了。最近去阳澄湖的次数不少,但由于国家严格控制排污和人工围网养殖,所以一般只是在湖边上“碰了碰”湖水,并没有像五年前的那次,直插湖中心,陶醉在秋夜阳澄湖的星光与渔火之中。

说来有趣,那次能够充分享受到口福和眼福,竟缘于两个诗人朋友的口水仗。全国人民都知道“大闸蟹”,尤其上海人,特别喜欢说这个大字,而苏州人只说一个字——蟹,从不说两个字——螃蟹,一般不说三个字——大闸蟹。论争就在这个“闸”字上,甲诗人认为闸就是簖(音段),是一种拦河插在水里的竹栅栏,渔民在簖上挂一灯笼,晚上蟹一看见灯光就会顺着簖爬上来,簖很形象地被比喻成一个闸门,大闸蟹因此得名。乙诗人坚决不同意甲的观点,他引经据典地说,闸字充其量是个同音词,真正应该是“煠”,清朝吴县人顾禄编撰的《清嘉录》是一本记述苏州风土人情、礼仪食俗和游览观光的“攻略”。书中特意以“煠蟹”为题,详细解说了食蟹的风俗。煠,汤煠也,音闸。“菜入汤曰煠。汤煠而食,故谓之煠蟹。”吴语发展到今天,煠的意思还是没有改变,是一种用水煮食的烹调方法。回想童年时期,长辈的确将买来的蟹放进水里煠的,而不是现在普遍蒸来吃。甲诗人和乙诗人争执不下,有人献上一计:去看看阳澄湖湖心莲花岛的居民现在吃蟹用什么方式,不就解决甲乙争论的问题了吗?

于是,在一个深秋的傍晚,我们八个人挤在一辆丰田海狮上,向阳澄湖镇进发了。阳澄湖镇以前叫沺泾乡,是一只伸向阳澄湖的脚,直插湖心。现在著名的吃蟹地,如昆山巴城、正仪,常熟沙家浜,园区唯亭等,都只是分别靠在阳澄湖的东面、北面和南面,唯独沺泾在湖的当中,因此将名称改为阳澄湖镇也是名至实归。五年前的路没有现在好走,到处是高速公路工地。我们从市区出发,竟然开了一个多小时才到镇上。马上联系小汽艇,直奔莲花岛。莲花岛在阳澄湖镇这只脚的南面的水域。我们坐上汽艇,天渐渐黑下来了,湖面上到处是围网,我们的船在围网间的水路上穿行。不时看到一些雄壮的蟹已经不甘寂寞地爬上了高高的网。难道它们会“越狱”?带我们去他家吃蟹的老沈笑着说,蟹不知道,网是双层的。哈哈,原来如此。

老沈的家就在船上,听说他的蟹绝对正宗,因此来他船上吃蟹的越来越多。我们提前一个星期托熟人预订才搞定。当一个个菜上桌时,我才觉得什么“闸”还是“煠”,都不重要了,关键是面前这随湖水略微摇晃的餐桌,那些聚在一起的人。大家天南海北地侃着,直到蟹上来,才意识到有个谜团还没有解开呢。说实话,老沈的蟹有点小,所以每人一尖一团(尖脐为雄,团脐为雌)。是不是今天没有大蟹啊?有人发话。老沈不温不火地招呼大家先尝了再说。还有调料呢?又有人嚷道。老沈说请大家不蘸醋试试。结果,那次是我感觉吃得最好的蟹之一。那种带有微甜的鲜美,是任何菜肴及不上的。那是不是因为老沈用了“煠”的方法呢?结果令乙诗人沮丧,老沈用的是蒸蟹的方法。但是老沈说了,以前一直用“煠”的,那是因为吃蟹太不当回事,随意地丢进水里煠煠就吃了,常常丢个脚,少个螯什么的。现在生活水平提高了,各种炊具全了,蟹也金贵了,怎么能让它“丢盔卸甲”啊?于是普遍用绳将蟹捆扎妥当,上笼蒸,这样端上来的蟹卖相特别好。听了这话,甲乙诗人哈哈大笑,举杯一饮而尽。

回程还是先坐小汽艇,那时已过晚上九点,虽然湖面的寒风逼我们裹紧厚厚的外套,但是那满湖的渔火还是让我感觉温暖。偶尔抬头仰望天空,竟然是那样的星光灿烂。鲜美的煠蟹、宽广的湖面、火红的渔火以及无限遥远的星空,都集中到我感知的那一时空,一刹那竟有点分不清哪是现实,哪是虚无了。酒醉人,而我此刻是蟹醉,醉在给我带来丰厚享受的阳澄湖上。

蟹趣

秋风一起,大闸蟹的脚就痒了,一些朋友的脚也跟着痒得受不了,于是,阳澄湖畔成为他们的最佳落脚地。这几天来客量达到高峰,我们也只好蹲守湖边,天天在阳澄湖水汽的涵养下迎来送往,不亦乐乎。

来客很多,也很杂,从北京到福建,从美国到澳洲,都有。其中不乏食蟹的行家里手,他们一般出生于江南,从小受到蟹文化的熏陶。请他们吃的蟹,一定要正宗,那些“插队蟹”“镀金蟹”“洗澡蟹”,他们一尝便知。非但如此,他们口中说出的蟹文化令不少本地人瞠目。

一位行家以自己的经验谈怎样吃到最鲜美的蟹。他说过去烹饪蟹的方法叫“煠”(音闸),就是放在水里煮,断生就可以食用。而现在多用蒸,蒸比煤有讲究,时间要掌握好。他的经验是水开后再蒸八分钟享用最佳。他分别食用过从六分钟到十二分钟不同时间取出的蟹,都不及八分钟的蟹。碰到这样的高手,我们连作假的念头都不敢有了,随蟹农一起下湖捉蟹,严格筛选才敢上桌。

即使这样,前几天还是被他捉了一个疏忽。那天刚吃完蟹,他就把我叫到一边说,今晚的蟹正宗虽正宗,但是新鲜程度不够。我们对选蟹一直很谨慎,我忙问怎么个不新鲜?他说蟹肉不大结实,有“爬空”的嫌疑。蟹有个习性,就是喜光,见光就急着爬行,捉上来的蟹在蟹农处存放时间稍长,就会消耗体力,导致“爬空”现象。原来蟹农感冒了,当天没有下湖捉蟹,只在库存的蟹里挑选了送来,而那些蟹很有可能是隔夜蟹,“爬空”也在情理之中了。

不管是行家还是外行,现在大家都认阳澄湖蟹为蟹中第一。然而有趣的是,清朝苏州人顾禄编撰的《清嘉录》中,介绍苏州的几种蟹,位列第一的居然是太湖的“湖蟹”,其次是常熟的“金爪蟹”,第三是昆山蔚州村的“蔚迟蟹”。这其中,只有蔚州村的蟹是严格意义上的阳澄湖蟹。看来,历史上大闸蟹的变迁还是值得探究探究的。事实上,现在太湖蟹的质量也在逐步提高,大有取代阳澄湖蟹的势头。大家熟悉的“太湖牌”“蟹王”等品牌就是东太湖优质大闸蟹的“身份证”。以行家的眼光审视,太湖蟹生存环境缺乏硬质的湖底,太湖淤泥厚且重,出产的蟹离“青背、白肚、金爪、黄毛、体壮”的阳澄湖蟹标准的确有些距离,特别是白肚和黄毛,太湖蟹肚脏、毛黑的居多。但不管怎样,太湖蟹的味道如今的确与阳澄湖蟹难分伯仲了。

最有趣的吃蟹经历是在太仓。大家看地图便知,苏州下属的几个县(市)或区,只有两个不出产名蟹,一是张家港,二是太仓。但是太仓有“野生长江蟹”。端上桌来,主人便介绍野生的江蟹如何珍贵,一只蟹的价钱是阳澄湖蟹的两到三倍。又拉开蟹脚,证明此蟹大而壮实。至于味道,主人说基本上与阳澄湖蟹相差无几。我是抱着很浓的兴趣打开蟹壳的,随后就闻到一股淡淡的臭味,又不好意思说,就让服务员多拿些姜醋来。好不容易半吃半扔草草收兵,手上一股腥味胜过所有品种的蟹。我在洗手池边反复洗手,窗外一艘江轮鸣笛而过,我猛然醒悟,那股淡淡的臭味类似于长江被污染的味道呢。餐毕返程,忽见主人手提一盒“野生长江蟹”满面春风追来,说特意让我带回请家人品尝,还说平时还不一定有,今天很巧订到了呢……我的胃顿时翻腾了起来。

长江三鲜

就是这个季节了!天气才开始像江南。雨似乎称不上水滴,好似雾一般细而密,可以随风飘荡,能够吸入肺腑、切入肌肤。我记忆中品江鲜的日子,阴冷、湿润,灿烂的油菜花在阵风里频频点头。车子在灰色的天空下奔驰,车窗上贴满幸福的水汽。到江边去!

大江两岸品尝江鲜的地点很多,每个人都自豪地称当地的“长江三鲜”最为绝。从长江口往西,南岸大致有这么些地方:太仓浏河、常熟浒浦、张家港锦丰、无锡江阴、镇江扬中;北岸则有:南通启东、泰州靖江等。除了在长江已绝迹的鲥鱼,刀鱼、河豚的做法,各地各有绝招,令一个鲜字发挥到极致。

先说鲥鱼。从小就听长辈说及鲥鱼的鲜美,以及片片鱼鳞下肥嫩的脂肪,似乎是很遥远的事情。也梦想过一条清蒸鲥鱼摆在我面前,那该是多么幸福的一件事。以至于多年后,一条清蒸鲥鱼真的端上桌来,我竟然有点紧张。小心翼翼地夹了几片鱼鳞品味,类似于嫩羊羔肉的肥美霎时布满口腔。趁热,再尝鲥鱼肉。鱼刺不多,鱼肉质感强几近海鱼,却因脂肪含量较高而又多一份柔滑。如果将鱼鳞和鱼肉一起品尝,那么,不应该忽略的是一口鱼汤,蒸鲥鱼时为保证其肥美,一般用高汤、火腿吊鲜味,加猪油防油脂外溢。鱼汤、鱼鳞中的脂肪进入鱼肉,鲥鱼的香滑肥嫩到了极致。难怪苏东坡赞道:“芽姜紫醋炙银鱼,雪碗擎来二尺余。尚有桃花春气在,此中风味胜莼鲈。”现在我们能够品尝到的鲥鱼都是人工饲养的,饲养的也罢了,但是厨师对鲥鱼的做法不甚了解,造成鲥鱼在人们心目中地位的下降。鲥鱼在“长江三鲜”里已是名存实亡了。

刀鱼是洄游的健将。但是野生刀鱼怎么能够穿越一道道密密匝匝的网呢?结果是,通常到了扬中、靖江一带就几乎绝迹了。因而当地人自豪地说,能够游到这里的刀鱼是“刀鱼之王”!刀鱼常见是清蒸,我还吃过红烧的,以及刀鱼面、刀鱼馄饨。记得最金贵的是在十年前,当时一条刀鱼端上来,一桌人仅能分个“寸段”,现在想来,那必定是野生刀鱼了。大快朵颐的那次,应当在太仓浏河。浏河刀鱼在苏州地区小有名气。我们借着工作机会来到那个沿江小镇,在一家极不起眼的小饭店,等吃刚从长江里打起的刀鱼。那次一人一个长条形盘子,里面盛着一整条刀鱼,大概有一市尺长。服务员先将刀鱼骨头剔干净,鱼骨头去油氽,再撒上一把椒盐,鲜脆可口。清明前的刀鱼,细骨虽多,但是柔软,不易卡喉咙。我从没有见过鱼刺与鱼肉这样紧密相连的鱼,吃进口中的每一块鱼肉都含有非常多的细刺,与其说在吃鱼肉,不如说在吐鱼刺。一桌人都在静静地、小心翼翼地吐着细刺,没人说话。同时,细腻滑嫩的刀鱼肉也强烈地刺激着味蕾。吃刀鱼,其实用的是舌头, 在如此细嫩的肉质面前, 咀嚼成为多余工序。苏州人用“抿”这个词形容吃刀鱼的境界,是恰如其分的。那种享受,如同冬天里猛然闻到腊梅的惊喜与回味,绵长、细密地沁入心脾。

梅尧臣因一首“春洲生荻芽,春岸飞杨花。河豚当是时,贵不数鱼虾”,而被称为“梅河豚”。但是,我心目中认为还是那个东坡居士最懂河豚。野史记载一附庸风雅的厨娘善做河豚,于是通过关系请来苏东坡吃一桌河豚宴。她焦躁不安地在里面观察那位大人,只见他一语不发地吃、吃、吃。厨娘也不敢出来,托朋友问大人河豚味如何?东坡居士还是一语不发地吃,直到扫荡完,他才将筷子一扔,仰天长叹:吃了此味,人生还有什么所求呢?苏轼的话虽有诗人夸张成分,但也不是没有道理。“长江三鲜”当中,确是河豚最鲜美。“人生若只如初见”,凡事第一次总是印象最深刻。很久以前了,我陪着师傅来到张家港乐余。工作结束后,当地单位领导安排我们在靠近江边的一个小饭馆吃饭。嘈杂、肮脏,食物却非常新鲜。老板进小包厢,向陪我们的领导咬了个耳朵。领导很兴奋,连忙说,马上做来尝尝。接下来就是我人生第一次吃到河豚。那是一条两斤出头的野生河豚,刚刚由打鱼的船民送到。领导向我们讲述吃河豚的规矩,端上来不会劝,自己动筷吃,这个饭店的厨师持证上岗的,而且烧好之后第一个品尝,十五分钟后才端上来给我们吃。那鱼躺在草头丛中,比鱼肉更为鲜美的东西都在外面了:肝(胰腺)、白(鱼精)、鱼皮。鱼皮要整个吞下去,说是治胃病的良方。鱼肝是味道最为鲜美的部分,鱼白嫩滑可口。相比之下,鱼肉稍显粗、老。最绝的是草头,浸透红汁的草头,肥而不腻,绝胜鱼肉。我开始的战战兢兢,从吃上第一口后就抱定“拼死吃河豚”的信念了。最后,每人打上一碗饭,浇上汤汁,白米饭也变得鲜香醉人。以后虽然品尝过白烧河豚,甚至生吃过河豚,但是总没有那次傍晚在飘着雨丝的乐余江边的记忆深刻。

舌尖上的笑声

提怀念这个词,自己也在笑。只不过想想现状,还只能在回忆中寻找些美好的东西。比如:单纯的“吃”。

吃成为负担,实在是国人的一种悲哀。那么美好的事情,被附加了政治因素、经济因素、个人因素等等后,只剩下挥霍、浪费、粗俗,现在流行的提法叫:应酬。说这是一种文化,传承千年,我并不苟同。至少清朝以前,仍是一人一席,菜谱简单,菜式并不复杂。皇帝赐的筵席也很简单。比如张居正刚生病时,明神宗赐的东西为:猪、羊各一头,甜酱瓜、茄、白米二石,酒十瓶。后来,又赐了些甜食、干点心、烧割等。可见,皇帝对自己的老师、太师、当权派首辅,送的礼物也不复杂。

传统的团聚吃饭法,直到清朝的八仙桌出现才逐步在大家族中流行,继而推广到酒馆、饭庄。以苏帮菜为例,据考证,最丰盛的菜谱也就是九菜一汤一饭,其中包括唐伯虎爱吃的鱼,崇祯帝倡俭时吃的素菜等。食材用料讲究新鲜而不矜贵,制法要求工艺精细,味道崇尚鲜美清淡。厨师的职责就是让人的味蕾充分享受菜肴的美味。苏帮菜的最后一个汤,老师傅关照徒弟,不许放一粒盐。经过了前面几道菜后,咸味已经在嘴里饱和,最好来一盅不放盐的太湖莼菜汤,那种清香散开在唇齿之间的感觉,是在总结一场饱满惬意的筵席。以至于我们现在总习惯于等待这样一道汤,没有它,筵席好像总不圆满。

这样的享受,只能出现在单纯的"吃"上。陆文夫先生在《美食家》里描写的小资产阶级分子朱自冶,每天早晨一辆黄包车去"朱鸿兴"吃头汤面,在我看来,是真正的单纯的"吃",也只有这样才能充分享受吃的味道和快乐。贝聿铭老先生每次回到苏州,一定会推掉应酬,与家人团聚在狮子林,邀请他的老朋友,苏帮菜的特级大师为他做一席家宴。选什么食材、用什么配料、割什么汤头、放什么佐料,老先生都会一一指定。每道菜用毕,贝老会请掌勺师傅出来,实事求是地进行点评,师傅们心服口服。那是将吃升华为艺术的典范。

单纯的"吃",现在碰到的次数越来越少了,我只有在记忆里找寻。最深刻的是喝羊肉汤。苏州人立冬到春节,崇尚吃上一碗热气腾腾的羊肉汤,而且要在藏书镇人开的店里吃。自行车还没有推出单位大门,我就在心里惦记这碗汤了,呼上几个朋友,飞车般冲向观前街东口的临顿路,切二两肉、撒一把大蒜、冲一大碗汤,再加一匙辣椒酱。稀里哗啦间,大家的面色红润起来,大声吆喝:“老板,再添点汤!”嘴里吐出的热气表达着两个字:过瘾!十年前观前街地区改造,那些羊肉店不知所终。虽然一直去藏书过羊肉瘾,但是那些日子的滋味再也没有找到。

朋友们在一起的时候,都在讲吃的负担重,都在回忆以前什么东西好吃,现在再也吃不到了。我说,那些东西现在肯定都有,味道只有进步没有退步,退步的是我们的味蕾,被潮水般袭来的筵席摧残得麻木了。静下来了,回归自然了,味觉就会渐渐恢复,美味自然就会回到你身边的。为了吃而吃,没有“意义”,但是味蕾受用。为了人和事而吃,“意义”重大,却味同嚼蜡。

也许,现在,默默咀嚼粗菜淡饭,才听得到舌尖上的笑声。

夏食

有不少人到了夏天,特别是三伏天,总会感到身体不适,头晕、头痛、疲乏无力,时不时地感到胸闷气短、毫无食欲。不过一到秋凉,上述一切症状,都会不药自愈。这种情况,中医称为“苦夏”,苏州人俗称“疰夏”。

要解决好以上这些问题,我想关键在于一个字:吃!苏州人真正践行了“食不厌精”的理论,在盛夏推出的一系列菜肴,调好“疰夏”朋友的胃口,也让我们这些人有了难忘的夏日“馋食”的机会。

风肉扁尖冬瓜汤。风肉首选来自金华的,介于火腿和咸肉之间,比火腿来得新鲜,比咸肉更有鲜味。扁尖最好选天目山焙煨嫩嫩的吐不出一丝渣,经过浸洗,杀清盐味,新鲜清爽。此两样带有鲜咸味的食物,再配上性微寒、清热解毒、利水化痰的冬瓜,再热的夏日,也会有生气。“色”是清中带浑,“香”是清香中飘着一丝风肉的浓烈,“味”是微咸中带着鲜味,生津消暑。

虾籽鲞鱼。苏州人烧菜最注重鲜味,而鲞鱼被称为海洋中最鲜美的鱼,用它做菜,符合苏州人的性格,但是还不罢休,还要配上另外一样鲜美的食材,那就是盛产于江南水乡的河虾籽。这两样鲜美的食材搭配在一起,还要讲究做法,苏州百年老店采芝斋的虾籽鲞鱼,结合了苏帮菜的烹饪技术和苏式蜜饯制作技法,成为一道既可作为菜肴又可当零食的名品。老苏州人习惯吃粥时品尝虾籽鲞鱼,那种又鲜又咸又甜又香的感觉陪伴了一代又一代苏州人度过盛夏。

汆糟。汆用苏州话解释,就是将食材在热水里过一下。糟,一般是指糟鱼。以前大家会自己制作,选用湖产鲜鲫鱼、黑鱼等,用糟露、糟油等浸渍,再行晾干即成。现在一般选用市场上有售的浙江糟鱼和太湖糟鱼。鱼片要入滚水,汤滚起,鱼片泛白即可盛汤食用,香气满屋,大家的食欲也大增。

杨梅

外面雨声淅沥,我躺在沙发上,翻看着《德川家康》。电视却也开着,我调到评弹频道。弹词声传来,声声拨动我心弦。我随手取一颗杨梅放入口中,一股酸甜的味道发散开来,恍惚中,一切回到从前。

这个梅雨季阴冷而湿润,记忆却易在这样的环境中跳跃出来。杨梅的刺激,弹词的冲击,加上雨滴的撞击,我似乎走进了老宅。枇杷树沙沙作响,古井边青苔湿滑,老院墙斑驳疏松,昏暗的客厅,回潮的青砖,某几个角落有雨漏进来,外公外婆在唠叨等天晴又要“捉漏”了。

似乎这一切都是灰色的,都被雨和湿气打压得了无生气了。但是,梅雨季节有了杨梅,就有了生气。通常,外婆会在八仙桌上摆上一大盆洗好后再用盐水腌渍过的杨梅,紫的、红的,满满当当,鲜亮得让人心情舒畅,垂涎欲滴。

童年时,杨梅大多是外公从乡下带回的。他是乡村教师,那时村里人对教师特别尊重,但又没有什么可以表达心意,就送些时令吃食。每到星期六傍晚,外公刚把自行车推进院子,我就会上前查东查西,总能有所收获,不外乎湖鲜、河鲜、水果、粗粮等。

杨梅是我的最爱。从听见杨梅这个词,到看见装在竹篓里的杨梅,我已口舌生津。急急忙忙地要去洗,但是一般情况下,老人不允许这样,什么饭前不能吃,怕伤脾胃;什么还要进行分类,哪些是食用的,哪些要用来做杨梅酒的。总之等到杨梅摆上桌,我的兴致大概也减了一半了。但是看着老人一边慢吞吞地吃杨梅,一边听有线广播里传来的弹词声,我懵懂感到他们真的是在享受。现在慢慢懂了,当时的我不懂。

吃杨梅,我不怕酸,所以"战斗力"强。杨梅的酸不同于枇杷的酸,没有成熟或者劣质枇杷的酸是搀了水分的,僵硬的酸。而杨梅的酸,是彻底的酸。色泽红艳的,刺尖尖的那种,就是酸的代表,但这是鲜活的酸,是大自然赐给我们的酸,不同于酿造的醋酸。平时我们见到醋都不一定有反应,但只要听见"杨梅"两字,就有止渴的效果。渐渐地,酸在我的味觉中淡化,紧接着是一种无比的清爽,比喝了泉水还要解渴。

这样强烈的酸,在我的工作、生活中经历过多次,突发的冲突、意料不到的尴尬、挫折甚至失败,倒在心里的酸,也是这样强烈。但是,我总想着泉水的甘甜,因为我知道,挺过去,就会感受到无比的畅快。

紫紫的杨梅,圆圆的刺,是甜的代表。我一直以为东山和西山的杨梅当属最好,不料去年浙江诸暨的朋友送来两盒杨梅,颠覆了我的看法。浙江人会做生意,把杨梅一颗一颗装在带格子的盒子里,论颗卖。那是我吃过的最甜美的杨梅,鲜洁的甜,正像弹词的糯甜,粘在喉咙口,不忍离去。

杨梅的甜,是供人享受生活的。在品尝过程中,我身边的一切都变得有滋有味、有声有色起来。雨声也是诗意的,弹词声牵引美丽往事。甚至连对老宅的怀念也不再灰暗,美好的、快乐的一起涌上心头。然而,杨梅再怎么甜,也带点酸,不然就不是杨梅了,酸是隐藏着的,只在收口的时候感觉到。这就是给我的启示了。人生不如意十之八九,生活总归是艰辛付出后方知得失。在享受生活的时候,要想一想"酸"——想到那些挫折与失意。

杨梅是甜与酸的综合体,我们的生活何尝不是如此呢?杨梅把甜与酸完美地结合在一起,我们又该如何寻找生活中甜酸的最佳结合点呢?

酸酸甜甜意未尽!品尝杨梅,可以品味人生。

心灵的尺度

青涩少年

我与歌手许巍年龄差不多,后来听到他的《两天》,我忽然明白青涩少年想的事情其实是大同的。“我只有两天, 我从没有把握……一天用来出生,一天用来死亡……一天用来想你,一天用来想我……一天用来路过,另一天还是路过。”

我少年时住顶楼朝南房间,南面是开阔的厂房,厂房的围墙边种了一排香樟树,每到香樟花开的时节,我总是闻到考试的味道。我的窗户没有窗帘,月光洒进来的时候,我看到它的移动。唯一不足的,是厂里那个锅炉房,整天闷闷地响着。

要好的同学给我烟抽,我把烟藏在衣柜顶上。午夜,月亮圆圆的挂着,我轻轻地拉开阳台门。香樟树随风响动,香樟花飘香。我靠着窗台席地而坐,点燃一支烟,深深吸一口,随后奋力吐出,似乎要将所有的忧郁随烟赶走。仰望夜空,思考生与死的问题,却总是没有答案,因为恐惧,而不能想透彻。有很长的一段时间,对自己能活多久一直没有把握。常常翻阅当时颇为流行的电子万年历,盯着从手指间流逝的岁月发呆。还有考试,总是在一次次失败后,勉励自己,可迎来的却是又一次的不如意。

烟抽完了,随手向厂房扔去,一个小红点划过一道弧线扑向香樟树,碰出几星火花,稍稍打破一丝午夜寂静。同学说烟是成熟的标志。毕业后的第一次同学聚会,几乎个个男生都抽烟,记得我带了包"阿诗玛",撒给老师抽的一瞬间取得严重的心理平衡。后来的聚会,抽烟的人一次比一次少。同学还说,抽烟利于思考。我在想自己的同时,的确用了很大篇幅想"你"。没有具象的人,只是一个"你",或者"她"。很多时候,想着想着就会失眠。我把阳台和窗户都打开,让风自然进出。插上耳机,或者调低音量,时断时续地听东方广播电台的《东方夜谭》《相伴到黎明》等。很想就这样将自己封闭,梦想一夜醒来,遭遇《变形记》的处境。排斥社会的力量在我的内心积聚。

终于有一天深夜,悄悄溜出家门,绕了很大的一个圈子,来到南面的那个厂门口,趁门卫不注意,一溜烟跑进厂里。走到北面围墙边,抚摸一棵棵香樟树,树叶沙沙地响着,向我这位老朋友打招呼。站在树下,望我的房间,很小的一格子,普通至极。那夜没有月亮,我有点灰心,努力驱逐了很多不切实际的想法。我又走近整天发出低声轰鸣的锅炉房,熟悉的声音一下子又增大了几倍。刚搬来的时候,非常厌恶近似于震动的闷响。到后来,每夜却要等到锅炉启动才能昏昏入睡。回来的路上,我哼着《小小少年》,在“小小少年就要长大”这一句上,眼睛湿润了。

夜晚,才是属于青涩少年的。那时我无法想象午夜前就入睡的人,为什么浪费这样美妙的思考时光。越思考越忧郁,越忧郁越深刻,我就是这样喜欢上郁达夫的。《沉沦》《春风沉醉的晚上》《钓台的春昼》等,后来又读了他的传记。原来忧郁可以是这样的!同一年,郁达夫、芥川龙之介分别来到苏州,写出了著名的《苏州烟雨记》《江南游记》。郁达夫将忧郁带进苏州城,似乎往空气中一挤,愁绪就会掉下来。相反,芥川的作品阳光得多,引经据典,清爽干练。可我还是反复读着郁达夫的作品,寻觅作家的气质。

今天,我与女儿并肩走在街道上,女儿的马尾辫不时在我眼前晃着,她是典型的当代少年,阳光、大方、礼貌、向上,与少年时代的我相比,最大不同在于早早褪去了青涩。我不知道这是不是一种进步。

20世纪80年代，祖母、我和堂弟摄于苏州家中

红枫　历史　人

今天陪客人去了趟天平山,专门去看红枫。天平山麓的枫已经火红,常青松柏掺杂其间,更有层次感和沧桑感,不愧为“平红枫甲天下”。同时,也更令我怀念起经历过的人和事。

母亲一支是范仲淹后裔,外公生前一直讲述这样的场景:逢年过节,年少的外公总要跟着长辈去范庄前的范义庄向范仲淹像叩拜,随后领取“族钱”。开始以为外公是范氏宗亲比较近的一支,因为他们一直生活在苏州。后来读了一些历史书才知道,范义庄是范仲淹特地为贫困族人开辟的祠堂,接济那些族人的生活并附设义学供族人子弟免费入学。也就是说,外公这一支范姓家族至少是范氏宗亲的“边缘人”。真正的范氏祖坟就在木渎天平山,天平山也称

“赐山”或“范坟山”,由宋仁宗御赐。

四百多年前,范仲淹的子孙从福建带回三百八十棵红枫种植在天平山麓,现存一百四十余棵。今天,阳光和煦,客人们流连在枫香古树间,一边怀古,一边赏景。我却在回忆少年时代那次印象最深刻的游历。那年,我与同学们一起骑车来到这里秋游。我们坐在被称作“万笏朝天”的天平山岩石上,分享着各自家里带出来的食品,谈论着少男少女们感兴趣的话题,偶尔还拿“几对”同学调侃。那时的注意力并不在景,也就没有注意到层林尽染的壮观场景。但竟然就记住了这一次,那是因为人的分量太重了。如今,一张张黑白老照片浮现在我的脑海里。我恍然明白:景,毕竟是衬托人的!人才是景的主导者!

那年秋游,我应该读初二吧,而如今,女儿也已经是初二学生了!可能再一转眼,我就要拄着拐杖进天平山了。一棵倾斜的柏树被几股绳索牢牢固定着,一半已经枯死,另一半却郁郁葱葱。走近看树龄,九百二十六年!一位长者上前轻轻抚摸着树干,静静地让双手感受古树的生命力。我在一旁仰望,心里赞叹着经历了那些年风风雨雨的古柏。那九百多年,对于我们,就是永恒;对于古柏,就是活着;对于历史,就是瞬间!

天平山范仲淹纪念馆内,记述翔实,充分展现了范文正公一生对苏州的贡献,对社会的贡献。特别是他在《岳阳楼记》里写的那著名的“先天下之忧而忧,后天下之乐而乐”更成为仁人志士的座右铭。今年清明节,从北京来了位大学教授,刚放下行李,就让我陪他去看范仲淹在苏州的遗迹。我们在雨中走到范庄前,教授不让打伞,他说拜谒他心中的圣人心一定要诚。范义庄现在已是一所中学所在地,范氏宗祠正在修葺,大门紧锁,通融门卫后,我们俩也只能隔着窗户往里看,总觉得心存遗憾。旁边一位学校领导看到我们这样,主动上前问原委。得知远方客人这样崇敬范仲淹后,她爽快地打开正在施工的祠堂大门。我们正对着范文正公坐像恭恭敬敬鞠了三个躬,随后又仔细参观了整体建筑和历代碑刻。教授很兴奋,说兴办义学,带动了苏州甚至全国读书的好风气,范仲淹是办学的先驱,是所有老师的楷模。

初二的我,除了奋勇爬山外,没有让红枫留下美妙的印象,更没有对范仲淹多去注意,但是,我很明白,自己的根在天平山,而这一点就已经足够了。

从轻悍到崇文的苏州人

不管你从哪个方向进入苏州,都会在显著位置读到苏州的城市精神:崇文、融和、创新、致远。当初在公选城市精神时大家各抒己见,争论不断,但是对“崇文”一词,几乎没有任何异议。苏州是吴文化的发源地,苏州人是温文尔雅的典型,好像“尚武”与这个地方并不搭界。

其实,我们从历史中找到的答案并非如此。吴地的尚武之风较中原更甚,吴人一直有“轻悍”之称。最出名的是汉高祖刘邦他考虑到吴地民风“轻悍”,必须由强有力的诸侯才能控制住,于是选了侄子刘濞,谁知正是这个“面有反相”的刘濞,带领“轻悍”的吴人,在汉景帝时起来造了反。

沿着历史的脉络往上走,来到春秋时期,看看那些普通吴人的品性。伍子胥因受楚平王迫害,由楚国逃奔吴国。在奔吴的过程中,渡江的船夫、芦苇荡中的村妇,为掩护伍子胥,都甘愿自投江中。这些普通人身上体现出吴人的刚烈和侠义。再说住在太湖边上的专诸,伍子胥见到他时,专诸正为一桩小事与人剑拔弩张,“其怒有万人之气,甚不可当”。但是妻子一喊,他就马上收手回家。伍子胥大感惊奇,问专诸原因,专诸很有哲学思想:“夫屈一人之下,必伸万人之上。”这就是后来“专诸刺王僚”的主角,他把鱼肠剑从炙鱼中拔出,刺向身着三重铠甲的吴王僚,鱼肠剑贯穿王僚胸背,而专诸也被僚的卫士戟杀。

王僚的儿子庆忌逃至卫国,这位吴国的第一号勇士,也是阖闾的第一大心腹之患。此时,又一个吴人要离出现了,他领受了刺杀庆忌的使命。为了博取庆忌的信任,要离让阖闾斩断自己的右臂,逃离吴国后,阖闾依计杀了要离的妻儿。庆忌非常信任要离,当要离的剑刺透庆忌身体,庆忌仍然敬佩要离是英雄。庆忌的卫兵要杀了要离,庆忌笑着说:“一天之内怎么可以死两个勇士呢?” 成全要离吧!但是要离回到吴国之后,却自刎于吴王金殿。伍子胥按照他的遗愿,与专诸葬在了一起。

以专诸、要离为代表的吴人身上,集中体现了匡扶正义、勇于赴难、以己之力全力相拼的侠义精神。这种民风一直到汉朝,才有所改变。

汉武帝时代,吴地属会稽郡,会稽郡出了两个本地太守:庄助和朱买臣。朱买臣得益于老乡庄助的提携进入朝廷,汉武帝召见朱买臣,赞赏其平定东越的策略,拜朱买臣为会稽郡太守。后来淮南王叛乱,庄助获罪处死,朱买臣为庄助报仇,设计清理了张汤,自己最后也被汉武帝处决。庄助和朱买臣是历史上较早以文官形象登上历史舞台的吴人,“负薪读书”“覆水难收”等典故都出自朱买臣。

于是,吴人渐渐开始反思自己的出路,原来在尚武之外,还有崇文这条路可以实现人生理想。到了汉末,儒将在东吴出现,代表人物有:孙权、周瑜、陆逊等。而唐宋时期,随着社会稳定,吴地的生产力得到大发展,“苏湖熟、天下足”,经济社会的繁荣稳定更为民风转变提供了良好的条件。

特别是宋仁宗时代的范仲淹,他是苏州人,在苏执政时期也较短,但对苏州的影响却非常巨大,他对苏州的功绩第一是治理水患,另外的就是“兴学育才”,创立苏州府学。他本想营造私宅,风水先生告诉他,有个地方是苏州城的龙首位置,如果在此建私宅,家族今后一定公卿辈出。范仲淹笑着回答风水先生,这样的风水宝地,不能让范家独享,要让苏州的学子都在这里受教育,成为栋梁之材。苏州府学后来果然文风大昌,英才云集,盛况空前。

后人评说:“天下郡学莫盛于宋,然其始亦由于吴中,盖范文正公以宅建学,延胡安定为师,文教自此兴焉。”

资料显示,唐代开始科举,全国历代共考出文状元五百九十六名、武状元一百一十五名,其中苏州地区出了五十五名文状元、五名武状元,而历代考中进士的多达二千七百多人。明清时一共有二百零二名状元,苏州地区状元就有三十五名,占全国状元的比例达百分之十七。因此有了“姑苏文盛出状元”一说。

看来,苏州人从“轻悍”到“崇文”也是经历了历史的洗礼,慢慢蜕变而来的呢。

航道

我居住小区的上空定是虹桥机场的航道了。夜幕降临,我散步溪畔小径,偶尔仰望星空,总有眨着眼的客机朝东偏南方向飞去,常见三盏灯,有红有绿。

飞机已经很低了,静下心来几乎能听到发动机的闷响。而我身边擦肩而过的邻居全都不在意,可能我是新居民吧。仔细想来,飞机有自己的航道,我有自己的散步轨迹。飞机的降落速度每小时不到三百公里,我散步速度半小时三公里。

我更随意,可以根据自己喜好,改变散步路径,从不同角度注视即将降落的客机。但我没有乘客的愿望那么强烈,起飞时总带着一股劲,与飞机一起往上冲;降落时带一丝祈祷:安全,更安全!于是,地面上的我很轻松,没有被送入航道。

前些年去乌鲁木齐,引发我一个问题。从上海到乌鲁木齐飞了四个半小时,而回来却只用了四个小时。以前从没有遇到这样对比度强的飞行时间,四个小时还是四个半小时,将这个问题放大了。问了几个朋友,有的说地球自转,而我暗自寻思那应该往西更快才对。有的说大气环流,那个风这个风的,把我搞晕。我们单位飞行员出身的老岳出现,轻松地只告诉我两个字:航道!那也就是为什么我只看得到往东向虹桥机场降落的飞机,而看不见起飞的飞机的原因。一句话,广袤无垠的空中也是管制的,也是人为地一刀一刀割出领空、航线、航道。

还有人类没有限定的领域吗?即使外太空,我们发射的探索器,也是按照预置航道前行的。宇宙当然也有轨道,更有秩序。今天,一缕来自半人马座距离地球最近恒星的光线到达, 它穿行了 4.22 光年。爱因斯坦告诉我们,光线走的不是直线,却是捷径。宇宙规则让光线随时变化行进路线,不稳定性在宇宙中成为真理。

看来我们感知的现实世界,已经被各类蛛网布满。最为典型的还数人类本身。为什么梭罗的《瓦尔登湖》历经一百五十年,仍风靡世界?这就是人类的悲哀。一百五十年来,极少人能够像梭罗那样摆脱预设轨迹,离开航道,特立独行生活。他身上有一种力量,让他能够抗拒一切通常的道路,保存孤独但是自由的决心。我们绝大多数人没有这样的信念,或者坚持不了几天,对《瓦尔登湖》中的生活就更神往。

内心有了惯性,就如飞机航行。影片里经常出现这样的镜头,顺利起飞后,机长会提醒一句:进入自动飞行。漂亮空姐适时敲门进来送上咖啡,机组人员谈笑风生。每天拎包上班,处理事务,开会,再拎包下班。飞机按时起起落落。中了巨奖之后怎么办?狡黠的笑挂在我嘴边。阳光、沙滩、高尔夫等等,还有什么?美食、旅游等等,还有?回归自然,学习梭罗?不大现实。最后还是回到生活。而生活实在有显著的轨道等着我。真不明白,逃离后的我又想着回归。

问到最后,还在人的内心。当年,阅读马尔克斯《族长的没落》《霍乱时期的爱情》,还有著名的《百年孤独》,从未如此强烈感受异域文化对自己的冲击。而后来又读到门多萨与他的访谈录《番石榴飘香》,才知道老人与其他作家也走同样航道。他说,只有经过加工,文学素材才能成为艺术品,就像用番石榴提炼制作食品一样。这些话,移植到中文教科书,百分百契合。落地生根的作品,表现形式虽然不同,但是内涵却是大同的。

夜深了,客机的轰鸣更响,我不抬头,就知道正向虹桥机场方向平稳地降落。而写作的我,此时也知道每个字后面,应该跟上那个词。这难道不是一种"航道"?

一滴水的旅程

将要下班的时候,细雨飘了起来。站到窗边,我看着变着脸的天,清明刚过。一滴雨水被风送到九楼,紧紧贴在玻璃上,艰难地爬行。又一滴水,再一滴水,就这样静静地将窗户打湿。

那是一滴来自遥远的古代的水!带着屈大夫的忠贞、楚霸王的绝望、岳武穆的悲壮、文山公的正气,载着无数普通人的心愿和期盼,穿越时空,来到孟春的江南。当然,这水滴最好源自“莫春者,春服既成,冠者五六人,童子六七人,浴乎沂”。水是生命的灵性,孔夫子赋予它莫大的淡然、超然。水最容易变形,却又最不易改变本性。狂风可以撕碎一滴水的每一部分,战争可以杀戮数以万计的人,改变不了的是水的结构和人的气节。即使粉碎、蒸发了它,水也渐渐会聚拢,一滴一滴汇成河、湖、海。人不在乎“时乖命蹇”,依然休养生息,一代代传承着生存的“道”。

我跟着一滴水旅行。历史在我眼前一页页翻过。一段段纪录片。经常听到:如果可以回到从前,我一定会让某事不发生。一滴水告诉我,即使那件事不发生,其他更为严重的事情会陆续发生。事实是,即便通过超高科技,实现了“回到过去”。那么,霍金在“不能干预物理律”中明确表明,在实现回到过去旅程的一瞬间,第二宇宙产生了。回到过去阻止某事在第二宇宙,并不是旅行出发时的第一宇宙。第一宇宙仍然在发生了某事的基础上继续向前运行。原来,“天行健”“地势坤”的。

但是,跟着一滴水,我真的可以做好多事情。我可以在外公在世的时候,抽空多陪陪他老人家。听他讲讲老宅的事,那些泛黄的记忆,其实老人很想翻新,就是缺乏仔细聆听的对象。我拿起他经常用的中白云加健羊毫,请教他练习欧体的诀窍。还要展开老人家的一幅画,智慧尽在吴门画派的山水之间,云代表心胸、松代表品行、石代表坚毅、泉代表热情。更多时候是静默,学习于无声处听惊雷的境界。

跟随一滴水,我能够感悟最普通的感情,但却是最真实的情怀。烈日下民工在建筑工地最需要普通的水。西南地区农民望着干得龟裂的田地,最需要普通的水。远航的水手、沙漠中的探险者、被困井下数百米的矿工、地球轨道上的宇航员,他们的第一需求,就是一滴水;第二需求,就是一滴滴水。

然而,往往最普通的最容易忽视。这个季节的江南,雨丝经常布满天空,翠绿的杨柳和香樟,金黄的油菜花,还有烟雨朦胧之中的软水温山。但是,一千三百年以前的河西走廊也是这样的情景。“渭城朝雨浥轻尘,客舍青青柳色新”,王维望着眼前的青翠田园、绵绵春雨、温馨民居,吟出了绝妙的《阳关曲》,那些景象想必也是极寻常的了。几年前,我到过阳关、玉门关,这些著名的关隘孤独地矗立在戈壁中、沙漠边。夕阳西下,更苍凉得令人心惊、让人泪流。

一滴水还将前行。蔚蓝的星球是它的故乡和归宿。生命的图腾可以被擦去,甚至人类文明能够被清空,一滴水却仍上天入地,周而复始。我看到被它附属了的,就有了生机,生命蓬勃向上。被一滴水抛弃的,挣扎地走向生命尽头。一滴水是智慧的润滑剂,有了它,我们才能抬头看到深邃星空。

扑面打在我脸上的一滴雨,冰凉、舒适。一滴水是静止的;一滴雨是动态的,活的。它会说话。一瞬间,我感到了幸福。感谢最普通的一滴水,让我搭乘它的专机,神游了前世、今生和来生。我记录下这一滴水的普通,也许有一天,突然有了特殊含义。

梦里伸出的手

很多时候,现实与虚无一梦之隔。梦里伸出的手,努力将现实当中的人和事拉进来。沉湎于幻想的我们,总喜欢将梦里的情形扯进生活。

20 世纪初爱因斯坦提出广义相对论后,时间与空间这对孪生兄弟硬性的联系开始模糊。“逝者如斯夫,不舍昼夜”,我们在感叹时间飞逝的同时,脑海里也会生出一丝惆怅:如果时光可以倒流呢?有了爱因斯坦,这个如果似乎有点理论依据了。于是,仰望星空的人,不单单会心存敬畏,还存有一丝征服的欲望。比如少年的我,看多了科幻作品,即使上空没有星星,我也会在黑夜里,想宇宙的那些遥远的事情,结果乐在梦里神游。

有时候仔细点,会察觉现实与虚无仅是一梦之隔。现实与梦境是人的两大生活方式,这道理两千多年前的庄子早就告白天下。真金白银固然重要,胡思乱想也不可缺少。太现实太直白的人肯定是强人,却不是高人。

我见到过一件“武器”,实质是一种用于切割石材的工具,叫“水刀”。我想既然叫“刀”,在某些场合称之为武器肯定是没有问题的。在一块花岗岩上刻出书法家写的“天行健,君子自强不息”。加压的细水柱冲出枪口,不过五分钟时间,一个大大的“天”字显现出来,水压大小左右着书法的抑扬顿挫、深浅转折。至轻至柔的东西给它一个机会,就会表现得超越传统意义上的“强硬”。

高人就是这样既可“飞龙在天”,又可“黄裳元吉”,当然也会“潜龙勿用”和“履霜坚冰”。所谓“忍屈伸、去细碎、广咨问、除嫌吝”者,才能达到诸葛武侯心中“志存高远”的目标。然而,缺憾是真理。完人是不存在的。有些事情,的确可以在梦里满足的。梦里一定不能满足又如何呢?那就是迷幻的世界。从烟、酒,到鸦片、海洛因、冰毒。从里面找失落的世界,被夸大的感觉渐渐代替现实,成为另一种梦境。精神依托,成为上瘾的最根本原因。

就像清晨环卫工人清洗街道,阴阳交错的一瞬间,清空了我们的记忆。重新起步的信心重新升起。没有失去,也没有得到,风吹过街道,带走记忆。但是,也许梦填满了信心,在现实中失去的,在梦幻里找到了。忙碌得来不及思考,梦里想了个天翻地覆。“这里失去的,那里就能补回来”,这就叫它:生活质量守恒定律吧。最终,一切都是本来样子。梦里伸出的手,抓到的,也不过是现实的倒影。我们呆坐着幻想梦境,拉出的,只是对生活的启示。

事实上,我可管不了这么多。“蒌蒿满地芦芽短,正是河豚欲上时。”当下正值仲春,还是让我们选一个风和日丽的好日子,来到长江之阴,就着一江春水,尝尝色白如银的刀鱼,以及东坡居士至爱的河豚吧。

味道

一年又要到头了。随着新年的到来,人的烦恼会与钟声一起飘散,留在旧年。而新年,像一个脱胎换骨的孩子,纯纯地等着人们去拥抱。一直说年是有味道的,各人却又有自己不同的理解。

距离我们两千公里的西北山区,待嫁姑娘是有价钱的。一些职业媒婆往往领养着几个小姑娘,她们在耐心地等待姑娘们长大。普通行情是一万三千元嫁一次,另加三四千元不等的介绍费。一位姑娘嫁到河南南部,于是有了很多第一次:坐火车、吃方便面、吃雪糕等等。从照片上她那夸张的表情,我看到了一种味道:幸福。

此时,有了这么多实实在在的诱惑,她忘记了自己变成商品的不幸。有不少姑娘,婚后逃离、出走婆家,那是物质的边际效应了。于是,痛楚也成为主打味道。痛楚由心而生,比起幸福的单纯,它要绵长、复杂得多。孩子学习好,有能力考研究生,对于大多数人来说,是件大好事。可是,一位贫困家庭的母亲听见女儿说出这个愿望后,说了句“这书还要读到几时”后,就一直沉默,直到中风倒地。那段日子里的那位母亲感受到的滋味,怎是痛楚两字能言尽。

幸好,我们有些生存下去的小资本,可以暂时不为衣食住行忧虑。据最新公布的材料,苏州是全国幸福感最强的十座城市之一。我看是弄错了,或许是那句“天上天堂、地上苏杭”(后来演变成为“上有天堂,下有苏杭”)惹来的。殊不知,古城已经变异。曾经的“天下第一风流富贵之地”,如今成了工业重镇。连续多年的经济社会高速发展,大批外来人口进入,大规模城乡改造,这个城市过多夹杂了我们陌生的东西,那些熟悉的味道正在淡去、远离。幸福感,属于开拓者,属于征服者。失落的苦涩则属于这片土地上的原住民。

逐渐失去文化认同的味道是酸楚的。我至今认为那些江南古镇上居民的幸福感才最强。柳絮飘到河面,屋内炉灶饭菜飘香,茶室烟霭蒸腾,拥有这一切,就回到了童年。朋友从浙江过来,二十多年没有进过拙政园了。以前亲戚朋友一大堆从清早就挤长途汽车过来,兴奋地玩和笑,直到深夜回家。现在高速公路、交通工具、通信工具都齐了,人却招不齐了。压力,工作的、学习的、生活的,加在一起,变成一种焦糊的味道。

血压就在这不知不觉中,被逼了上去。焦虑、失眠、忧郁。那天,走过山塘街的一家糖粥店,被招牌吸引。走进去,再三关照老板娘,少放点糖。她笑了,“你们现在都怕甜啊!”是啊,为什么我们这么怕甜呢?菜肴要求去糖,零食不吃甜,配料宁用化学甜味剂。曾经的我们是多么向往甜的滋味!一分钱两颗的“咸味糖”、两分钱一粒的“话梅糖”、苏式粽子糖、梅酱糖等等,都是美丽的回忆。老板娘还是雪白的一大匙绵白糖加到赤豆粥里。那是单纯的甜,但更是简单的甜蜜。

在那时刻,眼前划过的,棉手套、绒线围巾、滑雪帽、“汤婆子”、通红的火锅等等一切温暖的东西。阻碍这简单幸福的东西,烟消云散了,只因为这一碗微微烫手的糖粥。原来幸福的本味一定是回到甜蜜上来的。将要远嫁的西北姑娘紧紧贴在火车车窗上的兴奋、幸福的脸,我记得很清楚。

五味杂陈,应是一年味道的总结。我们经过的,是一本书,总在身边,随时可以翻阅。难的是,翻不到后面的书页。那就细细品尝过去的滋味吧,品透了,或许昨天的酸楚今天成了清淡,而今天的新鲜成了明天的甜蜜。新年了,一切都是崭新的了。

解决之道

我试过很多次,问朋友或同事觉得某人怎样,这些“某人”大多在生活、工作中颇有争议的。但是,几乎所有的人都以这样的口气开始他们的评论:其实这个人还是蛮不错的,只不过有时在某个问题上怎样怎样……由此我想到,单个的人,或者说本色的人,不参与到社会活动中,那就是个“不错的人”。然而人怎么可能不参与社会事务呢?于是,本色的人要做事,要解决问题,这过程中就会有处理问题的技巧、解决问题的方式方法等。不要说处理失当,就算基本解决好问题,那也是留了尾巴的,就会被人说三道四了。

我说,用简单的方法解决复杂的问题是我们一定要学会的社会生存法则。

本色的人,生来至少有两种。一种是木讷的,简单过活的。还有一种是敏感的,复杂生活的。我有个朋友就属后者,他现在是一家宾馆的总经理。每次碰到他,你都只能是一个听众。而他滔滔不绝向你倾诉的,总是怎样与人进行斗争。比如在单位里,如何与副总斗,如何让中层干部听话,如何与税务、工商、审计斗。每次都有精彩的情节,都有出彩的细节,比畅销小说更耐人寻味。我想象着这位老兄,出现在单位里的时候,虽然宾馆表面上安静和谐,但是他的眼里却到处是陷阱、绊马索、钩镰枪。到后来,我实在受不了他这样的唠叨,跟他讲,你这样难道不觉得累吗?如果你真的觉得别人总在暗处算计你,那么请你去看看心理医生吧。可是,他还是这样,认为自己所经历的,正是别人所没有的精彩和复杂。只是,我见他一次,就发现他苍老一些。

我的老外婆,今年已近九十岁了,除了耳聋外,生化指标比年轻人都好。三十多岁的时候,因生舅舅而落下身体虚弱的毛病,那时看上去就已像四十多岁的人了。好在她话也不多,吃得更少,她把好吃的都留给我们,自己一直粗茶淡饭。遇到任何事情也不生气,外公脾气急,教书不顺利,就拿她出气,她也就笑笑。直到外婆六十大寿的时候,我们才发现,她居然一头的黑发。到八十大寿的时候,我们又发现,她的头发还是黑发居多,记性也没有衰退。几年前,她还每天读报给坐在轮椅上的外公听,不是我们极力阻止,她还自己买菜做饭。外婆的人生平淡无奇,对外界的反应也不强烈,甚至属于逆来顺受的人,但她却是我们最尊敬的人。

当然,任何问题都有其复杂性,如果在复杂性面前失去自己的判断,是最可怕的。关键在于我们处理问题的方式方法,用复杂的方法处理问题,似乎得体,但是会像我同学面临的问题一样,四面楚歌。其实,一些看似复杂的问题,一旦找到源头,便会变得清晰简单起来。而这种判断是至关重要的。判断准确,使用的方法也就很简单。在处理问题方式实施之前,理清头绪,抽丝剥茧,才能直奔主题。

人也是如此,生活得复杂,得到的烦恼也多;活得简单,得到的快乐就多!那些一直拿自己的生活经历编书的仁兄们,我看还是多挤出点时间读读书吧。庄子曾经对人匆匆的一生这样形容:“人生天地之间,若白驹之过隙,忽然而已。”在他看来,人哪来这么多故事?大家都在做梦吧!

灵魂坐在窗台上

我一直这样认为,即使最普通的人也会在特定的时空发挥超能力。

外面的世界纷繁芜杂,我静静地躺着,闭上眼睛。那一刻,周围似乎安静下来了,天黑了。

过了一会儿,四周莫名地亮了起来。我发现自己坐在窗台上,往下看,我的身躯还在床上。脱离躯体的我轻松地看着窗外的景色,熟悉的一切,却又有些不同。对面好多窗台上都坐着以前我寓居在躯体里看不见的灵魂,他们微笑着向我招呼,欢迎我这个新来的伙伴。一些路人的边上也有我的伙伴跟着,有一个小伙子紧锁双眉匆匆前行,他的灵魂不时围绕着他,慷慨激昂地说着一些道理,但是显然没有取得任何效果。

原来,灵魂只是一种精神,管不了自己的躯体的。这是我坐在窗台上明白的第一个道理。过了些时候,我的躯体醒来,我跟着一起走进社会。街上嘈杂的程度超过我以往的经验。人们明显地分成两类:一类是躯体与灵魂分离的,灵魂总是与躯体作着斗争,我看见他们总想把自己的观点输进躯体,大声喧哗着。另一类躯体与灵魂的统一体,相对沉默,但是内心的矛盾也有所表现。

我才懒得管躯体,我只是好奇。想看看脱离了灵魂的躯体怎样生存。出乎意料的是,躯体比以往表现得更加沉稳,工作起来有条不紊,待人接物不卑不亢。我独自坐在躯体办公室的窗台上,有点无聊。这时,一个灵魂飘过来,我们其实很熟悉,我们的两个躯体背靠背坐在同一个办公室。"你怎么才出来混啊?"他的话表明我是新手。"也就是在一瞬间,不知道怎么就跑出来了呢。"我实话实说。"只怕以前你就有要出来的想法吧?"他这一问,我倒是想起自己窝在躯体里的种种不快了。比如我生性喜欢自由,而躯体为了赚钱,居然两年时间没有带着我一起去游历;我喜欢睡懒觉,而躯体总是加班,弄得我每次美梦到一半就喊停。我在内心不止一次地想象自己插上翅膀,离开躯体自由地飞翔。

"那你现在自由了,快飞走啊!"他在边上鼓动着。其实我也不是不想飞走,的确身子骨是轻了,想去哪里就去哪里,但是总觉得有什么在约束着我,一股力量在制约着我,我知道自己还说不上自由。他开始教育我这个新手:"你的感觉很对!其实不管你在躯体内还是游离其外,都是一种本质的两种表现形式。你想过没有,为什么你一离开躯体就坐在窗台上?而且你的伙伴都是这样?因为那是所有脱离躯体的灵魂的位置,无一例外!你要守护躯体!你们是一体!而约束你的是至上的法则,任何事物都要遵循的法则。不要以为你脱离了躯体,就没有制约你的手段了,事实上,从你出来的那一刻起,你从一个社会跨入另一个社会,既然是社会,就有相通之处的,特别在秩序上。”

我有点不明白:“既然这样,内外分别这么小,为什么还允许有这样的通道,让我出来呢?”他笑了:“人分成两种状态:一是灵与肉合一的状态,那时会拧成一股劲,做任何事都是全力以赴,缺点是长此以往,难免心力交瘁。所以一些人通过思考,找到刚才你说的那种通道,成为另一种状态:灵与肉分离。灵魂释放出来,不远不近地看着躯体,不时提些建议,躯体则按部就班地做事,缺点是躯体缺乏灵性,在边上的灵魂越看越不顺眼,提出的意见躯体大多不接受,恨得灵魂只想早点回到原来位置指挥躯体生存。总之,你就当是出来休休假,这样心态就好了。”

他走后,我才不相信自己会这样傻,好不容易脱离了躯体,难道想早点回去再受煎熬?笑话!现在多好,窗外的景色宜人,还可以随时与坐在边上窗台的美女聊聊天,最最令人舒心的是,我们的心思都是透明的,一眼就能看清对方。于是以前试戴过的种种面具失去了市场,取而代之的是对每个灵魂的真诚关心。每天迎来新伙伴,关照新规矩。每天送回老朋友,期待再次相遇。有一天,背靠背的他要回去了。他的心思坦诚而清朗,那些日子我们交流了好多思想,是我的好朋友。他说明天就不来坐窗台了。我说我们还会坐在一起的,我已经记住他的话了,这仅仅是一个短假而已。终于,轮到我回去了。好多朋友来送我,都是我的躯体在单位里的同事的灵魂。这个阶段,我们也已经成为朋友。

那一天,我从睡梦中醒来,习惯性地看窗台,空的;爬起来望对面楼房的每个窗台,都空空如也;再回头看看床上,还是空的。我知道自己回来了,但我吃不准的是,躯体是否知道这件事情。事实证明,社会还是一如以前复杂,那些早于我回归的人,又戴上了面具。就连我身后坐着的那位,我也在他的眼神里看出了戒备我的神色。这使我很不安,我再也看不到透明的他,与我无话不谈的他了。而我自己呢?其实也是如此,心灵的篱笆也已经扎得很紧!

人生就是这样循环着,我又躺在床上,看着窗台,我是否该再次坐上去呢?不去,受着煎熬;去了,获得短暂的自由,可随之而来的却是更深层次的煎熬!

如意

思念如流

虽然自己是江南人,在梦里却时常梦见北方的河。人们都说南方水大,钟灵毓秀。在我眼里似乎缺了些什么,直到见到北方的水,才知道沧桑是南北水最大的分别。南方的江、河、湖大多浩浩汤汤,气势恢宏,险峻不足,一年四季也难得显出河床来。因此,南方的水是水到渠成的水,北方的水是滴水穿石正在磨砺的水。

梦里北方的水,正饱受煎熬,刚从小溪汇入大流,就被山石劈成几股细流;刚刚从高原飞流直下,转眼间就遇到大转弯,流畅的水顿时阻塞不前;刚摆脱险滩暗礁,又被干枯的黄土吸入腹地。梦里北方的水却又是倔强的,即使河床全部干涸,它们也欢快地在地下跑着,等待着上游的伙伴同它们集合,融川入海。

梦里的水,象征着思念。时断时续的思念,最是美好高尚的情感。这个时节,又到了思念亲人的时候。奶奶在世的时候,经常端坐在藤椅上,对着我说些家常话,偶尔也说几句勉励的话,可我回家就忘了。直到奶奶去世后不久,我“做”一个课题遇上困难,一连几天总找不到头绪,精神沮丧。晚上,呆坐在办公室的时候,突然奶奶曾经说过的那些话,竟然一句一句地在我脑海里闪现,老人曾说的那些励志的话,句句流入我内心深处,支撑我的信念,最终一步一步艰难地完成了课题。我一直认为这是奶奶在帮我。对她老人家最好的思念,就是继承她的精神,顽强奋斗,自强自立。这样的传承,也是老人家最希望看到的我们对她的思念方式。

对亲人的思念,不会是南方的水,整日充盈内心,却只能是北方的水,时而激情澎湃,时而涓涓细流,甚至隐藏,似乎淡忘,却在内心深处流淌。

20世纪70年代，外婆和我在苏州老宅前天井

日子
静好

这个季节的雨

我一直这样认为:记忆是靠外界刺激形成的。刺激越大、越特殊,记得越深。

我举自己的例子。一般来说,六岁以前的事情很难记得,但是我记得两桩自己四五岁时发生的事。一是有一天大人把我抱在八仙桌上,就走开了,我好动,一下子从桌子上倒栽葱跌下来,最要命的是外婆刚刚杀了鱼的刀正插在砧板上,刀头高高翘起,迎着我的头……可是,我的头居然没有碰到刀头,而是紧贴着刀背重重地砸在砧板上。

第二件事,还是发生在八仙桌边。那时我还没有桌子高,就喜欢趴在长凳上,逗那只黑猫玩,那天也不知道是猫的心情不好,还是我的手脚有点重,黑猫在我手上重重地抓了三道长长的爪痕。直到初中,那些疤痕才渐渐淡化。疤痕淡去了,记忆却越来越深刻,成为我对这个世界的最初印象,也是我最初的生活经验。

记忆在脑海里跳出来时,大多先出现场景,再深入探究情节和细节。“那年我们参加高考的第一天上午,下雷暴雨啊!”“你小子结婚那天倒没有下雨,但是隔天却大雨倾盆。”四季变化,阴晴雨雪,是最直接的外界刺激因素,也就最容易成为记忆要素。

江南,这个季节的雨,最为特别。在《苏州烟雨记》中,郁达夫第一次踏上苏州的土地,就遭遇了一场“说来就来的雨”,郁达夫望着看着雨中芳草青绿,树林疏淡,城墙蜿蜒,城河浅浅,随马蹄嗒嗒,坐在马车里作起诗来,并把这段雨中游历写成名篇。文中的雨,正是我们习惯了的这个季节的雨。

我所有关于初夏的记忆,都离不开雨。它不是春雨,但是延续了春雨的细腻;它不是夏雨,但是具备了夏雨的气势。它带给我们的是清凉,不是寒冷,更不是湿热。在温度、湿度这样适宜的情况下,在江南,在苏州,这样美好的环境里,我的那些记忆又怎会散失呢?

北方来的朋友,一定不让我拿伞,必定要让雨丝紧紧包裹他的身躯。在雨中,我们一起走进范庄前,在范仲淹纪念像前敬鞠三躬。孩时的伙伴异乡归来,相约雨天,坐在艺圃茶室,静静地说着往事。几个朋友一起驾车到太湖边,在太湖大道,欣赏水天一色迷蒙的雨景。还有,望着窗外细雨纷飞,内心却能够静下来梳理出该做的决定;听着雨声渐起,躺在床上翻动书页沙沙作响,雨声书声安然和谐;深夜伴着雨声,回忆着经历过的人和事,安静地进入梦乡。

在这个季节的雨声中,我曾经做过一个梦。梦见自己一直在微雨中奔跑,跑过了熟悉的马路、名胜古迹、江南名镇等等,就是不知道累。因为,我吸进去的竟然是甘甜的空气,使得我力量倍增,不知疲倦。记得梦里的我就这样一直笑着跑呀跑……

夏之趣

刚出梅,天就辣辣地热了起来。一日之间,就扎进盛夏。人变得懒懒的,望着毒辣的太阳,似乎对什么都失去了兴趣。

我是随遇而安的人,不会因黄梅天连绵的雨而感伤;不会因出差在异地而吃不惯、住不惯。一年四季,雨雪风霜,我都喜欢琢磨、欣赏。盛夏也是如此,身在其中,其实远不止游泳、戏水这种单纯的标志性的夏日乐趣。

比如:呆呆地凝望星空,会得到深邃的思维乐趣。那时候,晚饭后,打一桶井水,泼洒在门前石板街上。太阳的余威蒸发了水汽,等我们搬着藤椅、竹榻来到门口时,青石板已恢复了凉意。夜,来临了。半导体里的评弹声、走过路人的寒暄声、蒲扇扑打蚊虫声,都是这样的亲切,我被这样的氛围包裹着,眼睛却一直盯着那遥远的星空。就这样,一颗流星被我发现了,第二颗流星也看到了!第三颗,怎么这么慢,还变幻着色彩?原来是起飞不久的飞机呢。我的眼光一直在寻觅着牛郎星、织女星、北斗七星,满天都是眨眼的星星,都是与太阳一样的恒星。时空、光年、黑洞、星际旅行等等,少年的我思想从夏夜的青石板起步,在星辰间遨游,享受着思维的乐趣。

比如:读书。还是回到竹榻上,借着夏天日长,看书可以到晚上七点多而不用照明。那时暑假都要借回一大堆书,习惯躺着看,先是古典名著,从《三国演义》到《老残游记》,看来看去,却只喜欢英雄好汉,等天暗了下来,就与隔壁强强比赛背一百零八条好汉的名字及诨号。现在回忆起《水浒传》的一些情节,都是有关盛夏的记忆。林冲夜奔,是老井水浸过的西瓜味;杨志卖刀,是刚拖过地的老宅旧地板散发出浓烈的樟木味;智劫法场,是耳边一片蝉鸣声。最过瘾的还是看《聊斋志异》,看完一段,天色暗下来,左邻右舍的鬼故事就多了起来,从很久很久以前一直到最近发生的奇异事件,唯恐吓不倒我们。到后来,大家都不敢摸黑走进房间取东西。弄堂里一声:“鬼来了”,吓得我们一伙小子拔脚而逃。而现在,读书,仍是盛夏里我的最爱。吃好晚饭,就可以早早躲进空调房,躺着看书,时间就在书页的翻动声中流过,不知不觉就到了深夜。也不是想看遍所有的书,只是每一本书都对我的思考有所帮助,而盛夏的夜晚给了我格外的宁静。

比如:冰镇酸梅汤、井水浸过的西瓜、棒冰。有谁能够忘记小时候的这三样消暑食品呢?没有冰箱的家庭,储存冰水的方法,就是用热水瓶。一入盛夏,街头食品店“冰镇酸梅汤”的大牌子就竖了起来。我们哥几个,在学校里训练完篮球,人手两个热水瓶,直奔食品店。递上两毛钱,看着冰水汩汩地冲进热水瓶,我们的喉咙起伏不停,没有喝到酸梅汤,已经解了一半渴。家里有口老井,也是值得骄傲的。水果店里五分钱一斤的西瓜,我们总要买上个百把斤,整齐地摆放在东厢房的地板上。每天用尼龙袋装上两个西瓜,吊进老井里。西瓜在井水里沉浮,我在井沿上仔细看。晚饭后,拎起西瓜,切开,一股凉意冲散了一日的暑热。二舅总是喜欢出点新意,他认为即使在井里浸了一天的瓜,也因整体没有入水,而吃着不爽。他大胆改革,在尼龙袋里装上两盐水瓶的酸梅汤,再放进西瓜,这样就可一举两得。但是他就没有好好学过物理,对力学常识缺乏,尼龙绳怎么承受得了这么重的东西呢?结果西瓜和酸梅汤双双坠入井底淤泥,成为笑料。棒冰,在我的记忆里花色品种不多,最常见的是赤豆棒冰、绿豆棒冰和盐水棒冰,都是四分钱一只。买棒冰,我最喜欢骑着二舅的黄鱼车去,主要是显摆显摆。有一次,显摆出了问题。那天我和伙伴们兴高采烈地去买了赤豆棒冰,嘴里含着棒冰,得意地想要耍个花招,自己来个“铁道游击队”,从马路边飞身跃上黄鱼车,好家伙,人刚上来,车就翻了,左脚伸进了车轮,顿时成了个“瘸腿英雄”。

盛夏的乐趣还有好多,但是盘算来盘算去,好像仍是童年居多,看来现时现刻,我们要找点乐趣也不易了呢。但说不定到了哪天,现在的无趣,也变成有趣了呢!

就这样吧

一刹那的感受,其实很难记住。当我们回想当初,沉浸在思维的快乐中时,事实往往趋向臆想。

我一直回味那些老店美食。有一天,躺在床上,看白白天花板上黄色的吊灯,突然问自己,真有那么美味吗?或许是,或许不是。

食物短缺的年代,充满调味料和淀粉的龙虾片,一听名字就引得馋虫爬出。那么,酱鸭、酱肉、熏鱼和猪头肉呢?一年到头吃不上几回,那种鲜香自然深入骨髓。外公在世的时候,家里人多,好不容易杀了只草鸡,怎么分配?外婆将整鸡改成小块,烧一大锅汤。每人一只青边碗,外公一勺一勺连汤带料舀。小的鸡骨头,我都舍不得,嚼烂咽下肚。

现在,大家都讲晚餐还是吃粥的好。不过,没几个人坚持住。那些食物,制作精良,味道也许远胜过去。可惜的是,碰上一条条麻木的舌头,味觉退化,连同珍惜食物的心。夏天的天井,凉风刮过枇杷树枝头,我坐在小板凳上吃泡饭,有一只咸鸭蛋已是幸福,定会将蛋黄保护到最后,等大家都吃完了,细细品尝肥滋滋、油晃晃的鲜。好像,我已经好几年没有吃泡饭加咸鸭蛋了。在夏日晚餐桌上,习惯了那些加了若干调味剂、色素的,从著名熟菜店买来的卤菜。这难道也是"二律背反"的一种表现?

很多时候,我设一个问题,静静地躺下,回答。比如,食物的问题,显然是个难题。以前的食物美味胜似当前,成立!现在的食物美味超过以前,只是感知程度下降而已,成立!两者不在同一时空,是我在现实与虚幻之间产生漂移?又产生一个难题。

已经过世的唐德刚先生是"口述历史"的倡导者、实践者。《张学良口述历史》是他作品的精华。尽管如此,我还是心存疑虑的。张学良将军德高望重不说。如果有些人,也如同我般凭感觉回忆、评说过去的事情,史家考证又难,这录下的岂不是笑话了。

"谎言说了一千遍就成了真理。"我考量的是说谎者。一遍比一遍精彩,附加值越来越高。若干遍之后,说谎者已经忘却这本是个肥皂泡。一旦有清醒者要捅破,说谎者维护的举动,纯真而坚决。很不幸的,我碰上过。老街上的一个伙伴,好多年没有碰到,在马路上偶遇了,高兴地带我到他开的公司去坐坐。汽配公司,不大,但生意看来不错。合伙人也是旧时玩伴。大家开心地聚会了几次。后来他就向我借钱,不多,也不少。我犹豫了一下,借给他了。到时间了,问他要钱。他说,进普利司通轮胎,钱压在那里了。过了阵子,他又说,想搞轮胎专卖。被我逼急了,说已经在找门面了,我的钱可以入股。又几天,轮胎专卖店的宏图绘就了,我的资金的回报率也算出来了。他的合伙人主动打电话给我,说他其实赌钱,已经离开汽配生意了。最后,在他家里,他凑钱还我,十块、五块的都从屁股兜里挖了出来。他还一直对我说轮胎专卖店的好。我对他说:“好了,就这样吧。”

归乡的路

连续的暴雪,冰冻了这么多游子的归乡之路。春节,是季候风,闻到她的气息,候鸟不顾一切地奔向目的地。

我在这个大雪的天里,只是端着热茶静静地坐着,看着窗外匆匆而过的旅人。回乡是一种什么滋味,我没有体会,生在这里,长在这里,学习在这里,工作在这里。虽然安稳,却失去了一些激动,比如思乡情、归乡路。

也不是全无感动。前几天走过二十年前居住过的小区,已经好多年没有经过了。那个年代的人和事,一下子浮现在我的眼前,像高速放映的电影:童安格、崔健、格非、马原、霹雳舞、万宝路、金利来、山地车、魂斗罗……改变的和没有改变的,都令我感怀。车开出小区,我发现自己的眼睛有点发涩。猛然地,我想这与归乡情有异曲同工之感吧。

车子一直堵在路上,那些大客车里,挤满了归乡的人,他们的眼神至少是安定的。滞留在路边带着行李的人,他们既焦虑又无奈。

同学在元旦时与我们约定,今年春节从温哥华回来过年。这几天反复查阅邮箱,还是没有新消息。但我确信,他定能如期而至。我躺在床上想他的返乡路,虽然万里迢迢,却仍比回湖南、河南、江西等地的几百里路来得便利。昨天,帮助我们装修房子的项目经理滞留南京火车站,买不到回江西的车票,请我想办法,我知道他是真急了。我只好如实告诉他我也没有办法买到长途火车票,我真的不是调侃地跟他说:要不就乘飞机回去吧!

记得以前的“动物世界”节目中介绍过一种鳜鱼,它们要产卵的时候,会洄游几千公里,回到它们的出生地,越过比它们身高高十几倍的瀑布,沿途还要避开黑熊的袭击,最后产卵。产完卵,它们的体力也耗尽了,它们的身体开始变红,最后沉入溪流中死去。但是她们就这样一代一代地将生命延续了下来。

我不知道这样的比喻是否妥当,但是我相信,归乡之路的确是生命在召唤。

黄色的墙　白色的墙

有好几次去附近的健身中心锻炼都是骑车,好长时间没有穿小街过弄巷了,弄堂风吹得我很爽,特别是出汗又洗澡后,风吹在身上,我体会到自由的味道。

那是一条车开不进去的弄堂,女儿出生时,我们就住在边上的新村里。女儿会走路了,我和妻子经常搀着她的手沿着这条弄堂走到大街超市买东西。弄堂一边的墙很高,里面是一家大型国企,墙头还挂着铁丝网,沿墙种植了高高大大的香樟树。有风的时候,女儿总会兴奋地笑,笑声和着树叶的沙沙声,在我听来,完美和谐。

弄堂另一边是我们新村的围墙,比起对面的墙来,普通平常。最好在于,走到一个角度,女儿就会伸出小手,说:那是我们家。虽然只有六十多平方米,但是站在这个角度看,感觉还是很不错的。

厂里的墙,当时已经很破旧了,黄黄的。新村刚刚造好没几年,围墙还是白白的,也只有这一点能够与对面比一下了。这条弄堂走多了,我感觉出好来了。最大的好处是没人,虽然晚上散步有点清冷,但总体来说,人对宁静有偏好,也就是喜欢独占风景的特点。还有一个好,就是干净,这其实与第一点也有很大的关系。脏乱往往是人带来的,整条弄堂只开一扇门,那是厂里的职工浴室。冬天,门口有时会散乱地停放几辆自行车。浴室蒸汽伴着锅炉房闷闷的声音蒸腾起来。弄堂里的人都是匆匆过客,所以弄堂干干净净。

女儿上小学二年级,我们就搬新居了。弄堂很少走了,每次经过都感觉有很大的变化。一开始是厂搬迁了,高高大大的香樟树不见了,女儿说:它们一起搬到新家去了。铁丝网拆掉了。

浴室变成歌舞厅,大红大绿的霓虹灯闪烁。我总摆脱不了这个念头:浴室里唱歌,热死人啊。我们住过的新村开始渐渐老去白白的墙有点灰了,小广告像牛皮癣。越过围墙看到我们曾经的家,有点陌生了。

我慢慢骑车回家。钻进弄堂,一股凉风袭来,只是缺少了香樟树的呼应。老厂已被开发商瓜分成好几块,一个崭新楼盘刚刚开盘。老围墙还没有拆除,斑斑驳驳的土黄色,与新建筑耀眼的亮白形成对比。对面老新村的围墙,颜色与对面已经没有分别,与围墙一致的是住宅,也与周边的楼房格格不入。

我又想到了老宅,对于老宅,楼房就是新宅,前者是黄的,后者是白的。女儿短短的成长过程,新宅就完成了从白到黄的演变。

现在开始就关心应该关注的人和事,一眨眼,白的就黄了。

汇流成海

这位老人,是地道的苏州人,年轻时走出去求学,毕业后一直在外地工作,退休在北京,曾经位居高层。这次回苏是陪着远方的客人来的。

吃过苏帮菜,我送老人回房间,替他剥了个橘子,慢慢聊了起来。他是我敬重的长辈,近几年来,老人数度回苏,我都因公务在身没有好好陪他。当我向他道歉的时候,他十分理解地说,退下来的人,说到底就是来麻烦我们的。我说那不能这么说,大家都有老的时候,领导在位的时候要尊重,退下来了以后就更要敬重,这是做人的基本原则。

老人感慨地说,那真是:乡音未改鬓毛衰啊!现在最开心的就是用苏州话交流,可惜能够交流的人不多,在家能讲吴语的只有老伴,孩子都说普通话不愿学苏州话。走出家门更是北方语系的天下了。现在回到家乡,光听见满街的吴侬软语,心情就舒展开了。

说着说着, 老人的脸上挂满了笑容。我向老人汇报了学习、工作、生活情况,说自己特别感慨的一点,就是孩子成长得很快,当我们开心地看着孩子时,蓦然回首,自己也渐渐老了。老人笑声更清朗了,说我怎么也不能算老了的,真正老了的是他们。

他收起笑容,认真地告诉我,孩子上学、毕业、就业、成家、生育等等,都是一眨眼的事情。至少在他的脑海里的回忆就是这样简单快捷。对孩子,尤其是有了第三代后,时间更是过得飞快,人的一生也就在忙忙碌碌中度过了。

而对自己的长辈,老人用了山和海的比喻。如果海是我们每个人的归宿,那么父母就是横亘于我们与大海之间的一座山!不管我们怎么远眺,一眼总是看不见大海的,父母为我们挡着归途!于是,我们总是年轻的,总可以靠着大山休息的。但是,一旦这座山突然之间消失了,那我们会手足无措,会无依无靠,直接面对大海,我们的归宿一览无遗!此时,更多想到的是回顾走过的路了。

老人说,他现在总是想象自己站在大海的浅水区,朝前,看着大海,静静地等候潮水涨起,此时的心情极为安宁;向后,看着自己走过的无数条道路,不管多么曲折,多么坎坷,却都固执地、义无反顾地汇成一条路,就是通向大海的那一条,现在路已经被海水淹没了,唯一可做的事情,老人静静地说出两个字:等待。

告别老人,走在回家的路上,我脑海里是一幅地图,大大小小的河流,不辞昼夜,勇往直前,为的就是汇流成海!于是海成了一种象征,代表事物的根本和归宿。只是,我们不用去努力追求,因为我们的任何行为,都是向大海跨出的一小步。什么时候能够达到老人的心境?我想,只有自己也站在浅水区的时候吧!

平安是福

春天的风、春天的雨,都是这样自然而然地来临,我们在迎风沐雨、舒展腰身的那一刻,有没有想过同样的春风春雨滋润的对象在今年发生了很大的变化,今夕何夕,物是人非!即使是享受这一切的同一个人也因岁月变迁而有了别样的感受。

一位同事年前患了重感冒,请假休息,几天后不见好转,住院治疗,在医院昏迷,查不出病因。失去知觉半个月后,专家们才确诊由于病毒进入大脑,诱发了一种非常罕见的脑膜炎,广谱抗菌药没有效果,目前医学界束手无策。他就这么静静地躺着,靠呼吸器,靠营养液,探测到的只是细微的脑部活动。年轻的生命眼看着就要这样凋谢,我们无能为力。只是在某时,会发出要是他在就好了的感慨,在心里为他祈祷,但愿出现奇迹。

回想去年春天,朴实温和的他装修房子,应付检查,忙得不亦乐乎, 根本没有时间好好地欣赏有可能是他生命中的最后一个春天。如果告诉他这样的宿命又会怎样呢?至少他会注意一些细节,他会仔细观察院子里开花的香樟树,聆听远处滚滚而来的春雷,凝视雨中绽放的一朵朵伞花,甚至关心小草的破土、发芽、长高。而这些都是我们平时不屑关注的。时时刻刻都在发生的事情,司空见惯的自然现象,错过了?没关系,明年、后年、大后年有的是,我们沉迷于新鲜、刺激,忘了返璞归真的道理。

也许只有生命中的重大事件才能改变这种状况,但是,谁又愿意这些事情的发生?在经历了复杂多样的各种人和事之后,我们才能够逐渐悟出平安是福并不是一句空话。而老人最清楚个中深意。

老外婆至今身体硬朗。我归因于四个习惯:一是吃得少,二是听不见,三是闲不下,四是心里静。老人家三十岁时生舅舅,得了一场大病,那时看上去就像四十多岁,身体不好,整条街都知道。于是辞了工作做家庭妇女。整天忙忙碌碌,开门办好七件事,操持得这个大家庭井井有条。五十岁的时候已像六十多岁,而到了六七十岁,四种习惯的功效显现了,衰老减速,八九十岁了,老人家还保持花白头发,除了耳朵聋外,健康得很。

平安在老人家身上体现最充分,她与世无争,甚至逆来顺受,但是却平静地过每一分、每一秒,看着子女成长、老去;看着我们长大、成熟。挂在老人家嘴边的总是一个“好”字,大家过得好,大家平平安安,她就有了最大的福!

与谋生无关

中午赴一个约会,因为路近,就徒步前往。我不喜欢沿大马路走,穿街走巷浏览别人家的生活挺有趣的。

小超市里,一个穿工装服的中年人买了包香烟,熟练地插进上装口袋。我慢下脚步,看他大步走出门,骑上黄鱼车哼着小调,轻松地远去。

我也经历过这样的生活,一帮弟兄们穿着油腻腻的工作服在野外工作。休息的时候,买包香烟,大伙一起分享,也是大步走着,大声笑着,开心地活着。

看到那位黄鱼车师傅的一瞬间,我想到了一个词:谋生。多年以前我们买烟,今天黄鱼车师傅买烟,是否与谋生有关?细想之下,竟真的还有些许的联系呢。凡事与谋生一搭界,好像兴味就索然,缺乏天马行空的舒展惬意。再深入想下去,我的生活中是否存在与谋生无关的东西?

一直为这个问题困扰的我,黄昏的时候,随手拿起一本书,躺着看。书中介绍柳永的词,看着看着,有点困了。迷迷糊糊地,一个人跳进了宋朝的汴梁。知道自己在做梦了,任由它去。我能看见什么?柳永的"伫倚危楼风细细,望极春愁,黯黯生天际",还是晏殊的"昨夜西风凋碧树,独上高楼,望尽天涯路",好像都不是,看到的是热闹的街市,听到的是大声地叫卖。在那里,我什么都没有,什么都派不上用场,什么都管不了。但是,我能够接收来自宋朝汴梁的信息。比如:绵绵春雨,纸伞下匆匆归家的人;灯火阑珊,还有晚归的客商;绿水青山,到处都有寄情于此的文人骚客。

梦仅仅持续了一会儿。我有点醒悟,即使跳出现实世界,所做的事情与谋生无关了,而将去往的世界,也无处没有谋生的瓜葛。

因此,活着所做的一切都是为了谋生,这样的定义实在太宽泛。后来,我索性重新定义,思考与谋生没有直接关系的事情。一下子,好多事情扑面而来。

看闲杂书籍,只是兴趣使然,读此类书,心旷神怡。旅行,无拘无束地行走在天地之间,顿觉个人之渺小,感悟无数个瞬间组成了永恒。运动,从中得到快乐,从中消除疲惫。睡觉,在雨声中催眠,一个梦接着一个梦,惊讶于自己奇异的想象力。写作,写下一个字后,想想后面该跟上哪个字,这是很有趣的游戏。

我们在听心理学教授讲课时，就知道兴趣最好与工作无关,这样于身心都有好处。今天我的感悟又进了一层,只要是与谋生无关的,都是有利于身心健康的。

泰戈尔说:天空没有留下痕迹,但鸟儿已经飞过。轻轻松松地过活,总比心有千千结来得好!

女儿出生那一天

明天就是女儿生日,每次过生日,我总会想起孩子出生那天的那场雪,那位女司机。有些情感随岁月的推移越积越浓。

那天傍晚,雪已将整个城市染白,苏州已经很久没有下这样大的雪了。我一步一滑地奔出医院大门,只见车辆在雪地里行如蜗牛。下班高峰,我眼巴巴地望着一辆又一辆满载的出租车从我眼前晃过,心急如焚。远远地,一辆红色桑塔纳过来了,我紧走几步赶在其他等车人的前面。车刚停下,里面的乘客还没下,人们就一哄而上。司机是个三十多岁的女子,她下车将顶灯摘掉,对急着上车的人大声说:“我下班了,不载客人了!”大家退了回去。当她要发动汽车的一瞬间,我突然冲上去,连声对她说:“对不起!我妻子要生孩子了,急着去接个医生来,请你帮个忙吧!”眼中闪过一丝犹豫,嘴上也嘀咕了句话,但是她很快就答应了:“快上车吧!”

雪天,车开得不快。我不由得时时抬腕看表。她安慰我:“不急,马上就到的。”其实是我耽误了她,便连忙向她致歉,并要求承担她的损失。她笑笑,说:“不用,你照计价器上的给就行了。我开日班的,下午五点半把车交给开夜班的搭档。”我再次谢了她。可她却说:“谢什么?生孩子是头等大事,我们女人最有体会。不帮你,就是忘本呢。”她又问我怎会弄得这样急。我告诉她,妻子进产房已经大半天了,就是不能顺产。看着妻子痛苦的样子,我们只好请求医生做剖腹产手术。照正常的方案,要隔天手术。我们直接找了熟悉的医生,答应晚上就做,但是她休息在家,又下这么大的雪,总不见得让她自己过来,所以我急着要把她接过来。听完我的话,她羡慕地说:“你们这样的家属多好啊!不像我,生孩子的时候就我男人在旁边。”遇上一个红灯,她侧过头来:“我住在郊区,也嫁在郊区。生孩子前做B超,知道是女儿,婆家的反应一下子就冷淡下来了。生孩子的那天,是个阴雨天,我隔着玻璃窗看见一个产妇在一家人五颜六色的雨伞的遮护下,怀抱婴儿小心地朝医院门口走出去。我至今记得,那孩子的襁褓是嫩黄色的,用大红的绳子系着,绳子的一端垂下,老是在我眼前晃着。我当时就流了泪,好在生女儿时特别顺利,我想这大概也是老天对我得不到关爱的一种补偿吧。”

我上楼接医生时,女司机静静地等候着。接到医生,我们又乘她的车返回医院。晚上九点二十三分,妻子顺利剖腹产下八斤重的女儿。我第一次抱起女儿的时候,真实地感到了幸福的分量。我不会忘记的是帮助过我的人,尤其是那位不知名的女司机,她没有多收我一分钱,她给我的最后一句话是:“不要着急,一切都会顺利的!”我将这份感激体现在女儿的名字中,表达了雪中之情的意思。

寒山寺钟声

每年岁末,寒山寺住持大和尚秋爽法师就要敲响一百零八响钟声,当第一百零八响钟声传出,新的一年就来到我们身边。

关于寒山寺一百零八响钟声迎新年的说法很多。一种说法,一个人在一年中至少有一百零八个烦恼,登寒山寺钟楼撞钟,或聆听钟声,便能消除一年的烦恼,逢凶化吉。再有一种说法,人一生中有一百零八种烦恼,听了佛寺一百零八下钟声就能去掉所有烦恼,年年吉祥如意。又有一种说法,钟声取一百零八这个数,是为一百零八种神佛陀歌功颂德。还有一种说法,一百零八是九的倍数,按照源于《周易》的说法,九数含有吉祥之意,九又是一个最大位的阳数,有极高、极大的含意,九的十二倍就是一百零八,这一百零八就意味着至高无上的吉祥。

去寒山寺听钟声记得比较深刻的有两次。一次是学生时代,那时苏州市刚举办新年听钟声活动不久,晚上九点我们几个同学就约好一起骑自行车从城东赶往城西的寒山寺。一路上,我们骑得飞快,还在商量听钟声时该许什么愿,大多数人都说要许取得好成绩的新年愿望,而其中有一位同学则说,祝愿明年一切考试都取消,引得我们笑疯了,几辆自行车撞在一起。等我们赶到西津桥,却被警察拦在警戒线外面,说我们没有门票。我们非常诧异地问警察,听钟声还像看足球赛那样买票?此时寒山寺雄浑的钟声已穿越高墙远远传进我们的耳朵,我们急得四处找小路想再靠近些听钟声,可是每到一处,都有警察的身影。无奈之下,我们只得远眺铁岭关和枫桥,在寒风中仰头屏息接受着远处传来的梵音,在心里默默祈祷着、祝愿着,这是我第一次庄严地领受寒山寺钟声带来的震撼。

第二次是 1999 年岁末。进入新世纪的最后一天,正逢我在单位值班。寒山寺听钟声活动规模超过了以往任何一届。入夜,街上比白天更为热闹,人们都往一个方向赶。我在九楼远眺,四面八方都绽放着璀璨的烟花。单位里,为防止“千年虫”,大家都紧张地忙碌着。做完自己的事情后,我静静地坐在电脑前,给远方的朋友们发电子贺卡。在每张贺卡上都写上:虽然你听不到故乡的钟声,但是我会将钟声带来的一切美好祝福发给你!突然,在一瞬间,几乎所有的烟花都停止了燃放。远远地,清越的钟声缓缓传来,我闭目静思,在心里默默地将祝福传递给每一位远在他乡的朋友。当第一百零八下钟声响起,古城到处开满了喜庆的烟花,响起了祝贺新世纪到来的爆竹声。街上车水马龙,人头攒动,新世纪的元旦比春节更为热闹。

虽然我没有过身处寒山寺听钟声的经历,但是我坚信自己早已经融入这浓郁的民俗当中, 我的祝愿也定会伴着钟声跨越千山万水,来到各位朋友的身边,共同领受寒山寺吉祥的福音!

冬至大如年

冬至,太阳直射南回归线,北半球的太阳高度角达到最小,标志着最严寒季节的来临。今夜是冬至前夜,是北半球一年当中黑夜最长的一夜。从气候角度讲,冬至与春分、夏至、秋分三个节气的分量是相同的,无非是太阳直射地球轨迹的几个特殊点而已。

而我国却早就将冬至作为一个特殊的节日了。殷周时期,规定冬至前一天为终岁之日,冬至节实质上相当于今天的春节。虽然后来实行夏历,但是冬至一直排在二十四节气之首,有"冬至大如年"的说法,称之为"亚岁"。现在江南等地,仍保持着过冬至节这一习俗。

冬至前夜是冬至夜,苏州老人常挂在嘴边的谚语、俗语张口就来:“邋遢冬至干净年”“三朝迷露发西风”“有得吃吃一夜,没得吃冻一夜”等。我们自然“冻”不到,却也不可能“吃”一夜。我们准备了丰盛的菜肴和“桂花冬酿酒”孝敬老人,送他们走后,我静静地坐在书房里,取出《清嘉录》,细细品味古人过冬至节的习俗。

与现在一样,冬至前一天,百姓都要准备丰盛的食品,“提筐携篮, 充斥道路”。不同的是现在自顾自买来享用, 而古人则是亲朋“各以食物相馈遗”。可见我国自古以来就是以吃的形式作为过节最大标志的。现在广为流传的冬至饮“桂花冬酿酒”的习俗,我却没有找出出处。书上只说:“是夜,人家更速燕饮,谓之节酒。”看来饮冬酿酒的传统应在《清嘉录》成书的道光初年之后了。而小时候老人常做的“冬至团”,现在却似乎有点淡出冬至餐桌了,取而代之的是丰盛的叉烧、爆鱼、油爆河虾、白切肚片、干切牛肉、羊糕、辣白菜、酱鸭等苏式卤菜了。书中记载的“冬至团”馅有不少种类:糖、肉、菜、果、豇豆沙、萝卜丝等,勾起了我童年跟大人抢着做团子的美好记忆。

说完物质享受后,还要讲讲精神慰藉的传统。古人和今人一样,自己享受美食佳酿前,总感到眼前得到的一切,皆由祖宗庇佑而来。因此,“家无大小,必市食物以享先,间有悬挂祖先遗容者”。给先人过节的传统至今倒没有多大变化,看来对于先人,人们总是备加敬畏的,心中装着祖宗,也就忘不了根在哪里。

今夜苏州雨下得蛮大,老人发出“邋遢冬至干净年”的感慨。苏州民俗称:“冬至前后逢雨雪,主年夜晴。若冬至晴,则主年夜雨雪。”

原来是多少年沉淀下来的老经验了,有时候,在谚语面前,科学也会苍白无力的。这几天,高速公路因大雾多次封闭,有人归结为气候怪异现象,但是《清嘉录》明确注明,这是冬至前后的正常天气现象,称为:“三朝迷露发西风”,迷露是苏州方言,意思就是大雾、迷雾。久雾不开后,“主西风大作”,用现在的话来讲,就是西北有一股强冷空气东移南下,干冷气流将前阶段的迷雾天气一扫而空。我是这样理解的:“大雾已经数日了,西风来得还会晚吗?”

路程六公里

今天是周末,傍晚一下班,就急急忙忙吃上几口饭,开车送女儿去六公里以外的老师家学素描。

为什么要强调六公里?是的,六公里对于汽车来说,实在是个小里程。但是六年来几乎每周都要来回走一次这六公里,也不是一件特别简单的事情。何况开车接送还是从 2004 年才开始的。六年来,同女儿一起学习的孩子换了又换, 坚持下来的只有她们两个女孩。上个月一起去考的素描八级。

开车的路上,我习惯引导女儿回忆以前经历过的事情。记得第一次带女儿去老师家学画,老师还是从儿童画教起,虽然讲好一个半小时之后来领人,那时孩子还小,加上初次上课我就不敢离开,在寒风中站在楼下足足等了一个多小时。终于两人快快乐乐地骑上轻摩,一路有说有笑地回家。谁知半路轮胎撒了气,时间已过晚上八点半,沿路的摩托车修理店早已打烊。于是只好走回家,一路走,一路想,这样的开头可不好啊,怕是坚持不下来几天的了。两人先是敞开衣襟,再后来将围巾、外套都脱了往前走,走到家九点都过了。孩子累得躺在沙发上不想动弹,我跟她说,一定要记住这有特殊意义的第一次!

开轻摩就怕大冷天和下雨天, 要是两者不巧碰在一起的话,那真是够我们受的呢。2003 年春节前的一天,寒流袭击江南,阴雨连绵,妻子说,反正快春节了,就脱一次课吧。我也有点迟疑,但是孩子却坚持要去,问她为什么,她说就是想去。孩子抱着我,我把雨衣尽量地往后拉,使她的身体完全被我挡住、被雨衣遮住。回程的路也是六公里,那时天上飘起了雪珠,西北风狠狠地将雪珠弹向我的脸。雨衣在低温下硬化了,失去了遮风挡雨的作用,孩子紧紧地抱着我的腰,把头深埋进雨衣里。顶着寒风,我的脸生疼,眼睛只好睁一只闭一只,双手在手套里冻得僵硬,刹车都握不住了。心里只有一个词:坚持!

坐在舒适的汽车里,给孩子回忆那些年以来来来回回这六公里路的一些情景,似乎有一种胜利者的喜悦。从成绩来看,孩子从儿童画到水彩画,从国画到素描,都掌握了一定的技法,在学校里成为小小画家。但是我想收获更大的恐怕就是这六公里的坚持,这六年的坚持,这种坚持的效果,就是女儿学任何东西从不半途而废。

一件事情坚持不下来的理由其实很多,比如:老师教得不好、与学习相冲突、孩子不感兴趣等等。而在家长随意评述这些客观因素的同时,孩子得到的是一个信息:我可以轻视这件事情,进而可以放弃这件事情。说到底还是家长的问题。

六公里的路,我们仍将继续来来回回。

瑜伽

打开书橱,随手拿出一本封面泛黄的书,书名叫《瑜伽大全》,在扉页上,我记录下买书的准确时期:1990 年 8 月。

二十年前,瑜伽没有专门为女性瘦身而设课程,这本书是上海中医出版社出的,表明当时瑜伽是作为类似中国气功一样进行健身推广的。

当时我是个毛头小伙子,喜欢探究一些新鲜的东西,买下这本书后,手不释卷地详细阅读,似懂非懂地沉浸在书的原作者印度著名瑜伽师斯瓦米·维希纽特瓦纳达宣扬的“结合”中,“结合”是瑜伽的宗旨和目的。而后进行无师训练,现在看来这是相当危险的,好在那时天不怕地不怕的,主要是身体扛得住。每个瑜伽动作,书中都用号码编写,至今我的那张“练功表”还夹在书内,这是一张1990年9月5日的台历纸,上面规定了自己每天训练动作的号码和次数,比如头一个动作是16号,姆克达·吉普达姿势,做三次,通俗地讲就是双腿盘坐的姿势,与佛家姿势略为不同的是,姆克达·吉普达姿势的双手自然垂放在双膝上。以时间长短为指标的是四十三、四十四式,那是逆倒立的两种姿势,我规定自己做三至五分钟。记得有一次我正好在床上练习这个动作,二舅来串门,看到我这样着实吓了一跳,因为为了使动作到位,下巴尽量抵住胸口,正常的视角头是看不见的。

我一直在回想,是什么原因使我放弃了练习?我的练习前后加起来应该不超过半年,是冬季的到来,练习不方便了?是动作一直做不到位,打了退堂鼓?还是得不到教练指导,不能进一步练习较高难度的动作?时间长,记不清了,可能几种原因都存在,导致我练习的失败吧。

但是,我还是喜欢瑜伽,这些年来,不管与谁谈瑜伽,我都愿意讲讲我的观点,那就是,人、瑜伽、宇宙的结合,是练习的最终目的。虽然练习的过程是非常艰苦卓绝的,是常人难以想象和克服的,并不是现在女性瘦身运动那么简单。瑜伽理论认为世界上的一切都是“自我”,而“自我”并不是觉醒的,是以“蛇力”的形式潜伏在人的脊椎的下部的,要通过各种各样的练习,使“蛇力”觉醒,与脑内的伽克拉结合,“自我”才得到升华,完全脱离感官的干扰,与宇宙合一。这就是瑜伽,这就是“结合”,“结合”使人“解脱”。

于是,我想这还是对于人、事结合宇宙的观点的问题。当时我在练习时,总是在心里按照书上的指导,延伸自己的各种器官,想象自己的手在伸展、脚在伸展……一切都伸展到宇宙中,这样练习下来不仅身体舒适,而且精神轻松,似乎在与宇宙接近、再接近!

想象一下,有什么比灵魂在宇宙中自由翱翔更令人神往呢?我想只要坚持练习瑜伽就能做到!

游园惊梦

风月山水沧浪亭

苏州的天气就像温吞水,十二月中旬,才逼近零度。人民路上梧桐树叶仍不愿自然凋零, 绿化工人用细长的树剪修理法国梧桐枝叶。文庙古柏探出黄色围墙,一团团凝重的苍翠。沧浪亭街半幅路面停满了汽车,可园正在修葺。这个周末的上午,人很多,道路杂乱。

几位老人在“沧浪之水”边垂钓,金黄色的诱饵,空荡荡的水盆。两个外地口音女子匆匆走过,还不忘问答:“这里钓得着鱼吗?”“春天里,我看见小鱼多着呢。”这女子多半租住在附近吧,望着她们的背影,我突然想到,三百年前,沈复和芸娘也在这里栖息。一个中秋之夜,沈复记述:“老仆前导,过石桥,进门,折东曲径而入,叠石成山,林木葱翠。”我也有幸,与他们所见的沧浪亭,在结构布局上已是相差不大了。这都归功于康熙三十五年(1696)江苏巡抚宋荦的灵机一动,他将亭子移到土丘之巅,亭北临水建石桥,姑苏名园的情状,就这样固定下来了。

我沿着水岸走了个曲尺形,对岸的观鱼亭、面水轩和复廊,是苏州园林唯一不入园就能欣赏到的美景。三十年前,我们在水边嬉闹。二十年前,每隔一段时间,我就会骑自行车路过这里,或放慢速度,或索性停下,只为看一眼园子外景以及波光里的倒影。如今,亭、廊、石和花窗依旧静静地伏着水。终于要跨过石桥了,我脑海里留存的童年模糊记忆,能否准确定位?

过桥,把嘈杂甩在身后,鸟鸣声接引我,碑廊、古木、叠石次第展开,心一秒一秒沉静下来。绕过面水轩,我踱步在复廊临水的一侧,外廊随黄石假山高低起伏。对岸,老人们在议论钓竿的位置,一辆黑色小车驶过他们身后。红衣钓鱼老人抬头望了我一眼,此时,我成为他的风景。索性站到突出水面的观鱼亭中,眼前碧波中,并未见鱼,究竟是我在观无影之鱼,还是深潜水底的鱼在观我呢?“共知心似水,安见我非鱼。”观鱼亭这副对联,据传宋荦题写,原迹散失,我看到的是何绍基的作品。默默吟诵几遍,我微笑离开。

一个顽皮的孩子,刚学会走路,跌跌撞撞扑向闲吟亭的柱子,年轻的爸爸连忙抱起,一字一句地将柱子的对联念给孩子听:“千朵红莲三尺水,一弯明月半亭风。”孩子不耐烦地挣脱着要去爬小山丘,我跟着默诵一遍,便觉有风从观鱼亭处吹来,要是这风生在莲花开时的时节,那该有多舒爽。

上台阶,过叠石,绕古树,眼前就是坐稳土丘之巅的沧浪亭。俞樾题写了“沧浪亭”三个大字,还录下“清风明月本无价,近水远山皆有情”柱联。清道光年间,江苏巡抚梁章钜集欧阳修、苏舜钦诗句而成此妙联。石柱粗糙暗黄冰冷,我来回抚摸,细沙与时光从手掌间沙沙流逝。转了个身,柱联的背后,藏有另一联,无名氏直接墨笔挥毫:“君见沧浪亭依旧,帝王将相具成烟。”一千年前,苏子美路过府学,见东侧一块废地 “草树郁然”“崇阜广水”“杂花修竹”“三面皆水”,“遂以四万钱得之”。他以诗人浪漫情怀“构亭北碕,号‘沧浪’焉”。千百年来,沧浪亭数度兴废,多少文人雅士“刺棹穿芦荻,无语看波澜”。况且,吴地又多才子,寻常巷陌里隐藏琴棋书画高人。无名氏对联的意思很明了,只有依靠沧浪亭这样的艺术精品,苏州文脉才能延续,世俗的东西转眼都成烟云。

下得小丘,一路低头暗忖,径直走到了最东南的闻妙香室。再想往南,无奈庭院深锁。我站到萧瑟小花园,桂花已谢,一阵风吹过,花窗上方稀疏树叶不住地扑簌簌往下掉,几缕阳光也随之抖动。园林的兴衰,与时局相映衬,哪里还有宋代园林的痕迹?苏子美造园以降,韩世忠、僧文瑛、宋荦、陶澍、张树声、颜文樑等精心修葺不断,并都夹带了“私活”。比如九十多年前,颜文樑就在修复沧浪亭的同时,在园东新建了美术专科学校,希腊柱廊式建筑与中国古典建筑形成鲜明对比。因此,放宽时间的界限,能够长久留存的恐怕只是风月山水罢了。“盖将自其变者而观之,则天地曾不能以一瞬;自其不变者而观之,则物与我皆无尽也”,苏东坡说的是万物至理。

主体建筑明道堂,据传以前曾作为看戏的场所,堂前金砖铺就大天井。我沿着东西两侧长廊走个来回,疏密有致,风卷云舒。一位老人坐在明道堂宽阔门槛上,歇一歇,喝一口自带的绿茶,不紧不慢,昂首朝南,享受阳光。空荡荡的天井响起高跟鞋“笃笃笃”声音,导游姑娘用清脆的英语向外国客人讲述沧浪亭的历史和艺术。我登上看山楼,一位小伙子裹着羽绒服站立着看书。看山楼以及楼下的印心石屋也是清末江苏巡抚陶澍的“私人杰作”。我闭上眼,想象当时的景象:东南望见肥沃的南园田畴,西南隐约可见石湖周围诸峰。然而现在四周建筑壅塞,挡在眼前的是文化宫簇新建筑。看山楼变成“看楼楼”,意境趣味全失,只可惜了吴木先生的题词。悻悻下楼,还是在曲径与石竹之间寻找诗意,翠玲珑一厅三折,各种姿态的竹透过形态迥异的花窗映入我眼帘。苏州园林中“不可一日无此君”的,就是这虚怀之竹。沧浪亭的竹,或成林,或结丛,时而密匝,时而疏朗,却别饶风致。

转出翠玲珑,向北来到五百贤士祠。一男一女站立门外攀谈,男的问女的里面有没有范仲淹,女的说有。男的又问了几个,女的转过身说,全在里面供着呢。我差点笑出声来。祠内高悬匾额“作之师”,意思大致是近六百位先闲的懿言懿行,应该成为我们的榜样。虽然知道贤士由周朝开始至清末,季札、伍子胥、董仲舒、李白、白居易、欧阳修、文天祥、王世贞等等都在,但是眼力所及,竟然一色的明清。顾炎武的碑在西侧下端,上书四句赞词:“一代大儒,学贯天人,隐居求志,比迹河汾。”我心头一动,想起一副对联,高挂在昆山千灯顾炎武故居内:“莫放春秋佳日过,最难风雨故人来。”自小生活在园子周遭,也算得上沧浪亭的“老熟人”,屈指数来,很多时日未进园门,一圈兜拢过来,童年记忆重上心头。

坐在沧浪亭前的彩色鹅卵石上,微笑的我左眼有点红肿,前一天与小伙伴“战斗”留下的痕迹。那一年,我九岁,小小黄军装,手插在裤兜里,高高向左扬起脸,这样,阳光把浮肿的痕迹消灭一点。照相馆工作的阿姨带我们拍照,难得的大事。是这里了,我用脚尖磨着石子,那角度,那方位,与小小黑白方块相片上的吻合,也与我的记忆缓缓接轨。如果用电影蒙太奇手法,那么,刚刚拍完照片的受伤孩子,一瞬间,变成孤独的中年男人。

现在,冬日的阳光很好,高大的朴树已经落尽树叶,枝干直刺天空,一动不动,等待春天。我再次经过面水轩,向大门走去。沧浪亭是一本书。我想,园林和书一样,它从不会主动呈现,更不会献媚,但是,进入了、品味了、感悟了,我就有了改变。即便改变微乎其微,心中某处也有了触动。如果不阅读,思想原地止步;如果不品园,精神粗粝无常。

我要走出园子了,外面仍旧浮躁不安。

芥纳须弥网师园

很多年前,老宅的天井里,外公养了一个苏式假山盆景。层峦叠嶂之间,一泓清泉,一座倚山亭,老翁闲坐垂钓。假山披满青苔,文竹、罗松山草高低起伏,微风过处,竹林般空灵。外公伸手取出水中卵石,说已经养活,光滑剔透,而且长“眼”。我似懂非懂,只盯着一寸来高的老头看,幻想我就是钓鱼翁,不说钓鱼之乐,身在山水之间,那该如何的舒展?这样的臆想一直在我脑中挥不去。后来,每到一处,习惯于将自己缩小,甚至隐藏,放大事物的局部,意外的是,我得到了安全感和宁静心。园林当中,最能让我遐想的,是网师园,这个“小园极则”的精品。

少年的我,跟随同学,来到带城桥。再往南,几乎不认识路。他站在高高门槛上:“给五分钱,我带你去网师园。”乡间小道一直通向南园,他说带我去,结果走到半路,我们被吸引到田间、河埠捉虫捞虾。网师园,曾经是我个人的不解之谜。我去过吗?好像去过吧,又好像没多少印象。直到三十五岁那年踏入网师园,才真切地感受到,没有比此时的真正踏入更好的了。那是适合遐想的园子,那是适合励志的园子,那是适合赏析的园子,更是沉淀思想的园子。

后来也曾夜游网师园,在苏州最美好的季节里。昆曲、评弹、苏剧、江南丝竹等演员,在亭台楼阁轩中表演,清心观赏,恍若隔世。趁着月色,我来到月到风来亭,忽地箫声越过水面而来,循声望去,南岸濯缨水阁少女洞箫凄迷,又一声竹笛响起,少年横笛在小山丛桂轩边若隐若现。这些艺术表现形式,似乎只有在网师园的夜晚,才妥帖自然。

两个小姑娘在月到风来亭边素描, 我的眼光从画面伸向园景,水池安详静谧,竹外一枝轩、射鸭廊、云冈黄山假石等都沉浸在冬日暖阳里。冬至刚过,太阳光线总是斜斜地钻进来。刚才,我从园子北面踱过来,梯云室南部,布满被花窗格成菱形、正方形、长方形的日光柱,古旧的厅堂,一下子填满亮丽,这光线让我回到童年。老宅日光的转移,提醒我们季节的更替。当枇杷树影落在客堂八仙桌脚上的时候,大概一年也到头了。网师园是一个不用讲解员的园子,每个人心中都有自己的万卷堂、殿春簃、蹈和馆和五峰书屋。书屋内,导游正向台湾客人推介丝绸制品,话不过三,又把“万金油”般的乾隆皇帝抬出来,他来或者没来过,似乎并不重要,关键在导游眼中,丝绸要名人加名胜才卖得旺。

看松读画轩前的古柏树,已经八百多岁了。又一个冬季来临,古柏对四时变迁已经麻木,只是孤独地被架起,然后俯瞰我。南宋被罢吏部侍郎史正志,郁郁寡欢之际,听取女儿彩霞建议,兴建宅院、花园和书屋。花园冠以“渔隐”,池塘以女儿名字命名为“彩霞池”。这只是园子的前身,早在元明两代战乱中荒废。今天看得到宋代原貌的,恐怕就是这株古柏了。

两百五十年前,又一位退隐官员,清光禄寺少卿宋宗元在万卷堂故址营造别业,重新修建亭台楼阁,筑有十二景,宋宗元自比渔人,又因附近有“王思巷”,为园子取名“网师园”。钱大昕《网师园记》写到园名来由:“宋光禄悫庭购其地,治别业为归老之计,因以网师自号,并颜其园,盖托于渔隐之义,亦取巷名音相似也。”几十年过去了,宋宗元儿子因官司耗尽家财,将园子一半售给他人。网师园再度荒废。就在这时,一个叫瞿远村的乡绅偶尔路过此地,看园子杂草丛生,建筑毁败,心生悲悯,于是购下这座颓圮废园,巧运心思,使网师园绝处逢生:“地只数亩,而有迂回不尽之致;居虽近廛,而有云水相望之乐。”历史上都有很多巧合,有时深思熟虑倒不见得比瞬间灵感出彩。苏舜钦偶尔探访府学之东,萌发营造沧浪亭的念头;王献臣的儿子偶尔一夜豪赌,输掉整个拙政园;倪云林偶尔过苏州,恰逢狮子林建园三十年,欣然作《狮子林图》;而瞿远村的偶尔路过,留下了传世的网师园造园结构和风格。

我站在钱大昕作并撰写的《网师园记》碑刻前,遥想当年园子修葺一新,瞿远村邀请四五好友在端午节雅聚园内,正是江南水草茂盛、气候宜人之时,“一代儒宗”钱大昕欣然挥毫,面对一泓碧波,记下“有堂,曰梅花铁石山房,曰小山丛桂轩。有阁,曰濯缨水阁。有燕居之室,曰蹈和馆。有亭于水者,曰月到风来。有亭于厓者,曰云岗。有斜轩,曰竹外一枝。有斋,曰集虚”。我回头扫视彩霞池四周景物,忽又觉得似乎不同于既往。时光在分秒流逝,空间在不停转换,我看到的终将成为历史,而未来却又不为我掌控。寄情于山水,却不在山水之间,而在品味人生哲学。苏舜钦、宋宗元、王献臣、徐泰时、文震孟等,既对仕途灰心,又心存东山再起之念。退而欣赏人工雕琢的鬼斧神工,进而踌躇满志浓缩在眼前的一介小园。尤其是彩霞池,沈德潜说它“碧流渺弥”,钱大昕更赞道:“沧波渺然,一望无际。”面积仅半亩的水塘,怎会望无际涯?除了造园艺术各种技巧外,文人骚客“胸怀天下”的责任感和积极入世的心态起了决定性作用。

我穿过濯缨水阁,绕过小山丛桂轩,来到引静桥边。这座两步三步就能跨过的小桥,是中国园林里最短最小的石拱桥。桥下槃涧溪水静静流淌。桥两侧萝蔓藤葛密布。我蹲下,将视线放得与桥面一般高,小桥在一瞬间放大。树影抖动,一缕阳光迎面刺入我眼睛。恍惚间,宋宗元、瞿远村、张大千等人身影在我眼前一晃而过。难道真是永恒源于刹那,须弥纳于芥子?万卷堂的原意,就是可藏万卷书。将万卷书消纳于自身,是完美的芥纳须弥。南朝的傅翕曾说:“须弥芥子父,芥子须弥爷。山水坦然平,敲冰来煮茶。”于是,旧时场景重现。一个小天井,一个孤独少年默默地看着盆景、鱼缸和枇杷树。割成方块的天空,风轻云淡。时间仿佛凝固,一秒钟像是持续了一个世纪,而一世纪的光阴,却在白驹过隙般运动中闪过。网师园的辉煌,瞿远村父子也只拥有了短短三十年。我们都是时间的匆匆过客,想拥有一切,或者追求永恒,都是愚蠢。这个冬天上午,在引静桥边,我细细品味“一草一木一世界、一山一水一天堂”的禅趣。

就这样,一晃,半天过去了。

斧劈细绣环秀山庄

没有园林气派,深藏在城市中央,怕是最大的隐逸了。

十年间,进出刺绣研究所很多次,春夏秋冬,都留下我足迹。每次经过环秀山庄,我会习惯性地往里探一探头,戈裕良举世闻名的假山就在里面,我却一直没有时间入内参观。去年秋天,朴树的叶子扑簌簌地往下掉,我站在研究所前院里无聊地等人。雨天降温后的清新,送来各种草本植物的原味。一位中年妇女带着一位姑娘拿着一本书,找进门来。在"环秀山庄"石牌前站定,一边翻书一边小声交谈。那是日本游客,很少有这样的外宾,暂时放下刺绣研究所,直奔这个园子的。我跟着她们进去,没人讲解,没人喧嚣,只有风吹树叶声和雨水滴落声。有谷堂、四面厅、补秋舫、飞雪泉、问泉亭、补秋山房等一路高高低低、山山水水走下来,最后还是回归到那半亩著名的假山前。空气里散发着清香,这样的味道,让我想起童年的某类事情,想要仔细捉摸,却已不得要领了。日本游客兜了一圈,早不见踪影。如果不是约好朋友参观刺绣研究所,我还站在假山前遐想。

春节前的一个晴冷上午,我跟随研究所的工艺美术师袁老师再次进入环秀山庄。仍然没有游客,园子里工人师傅正在打扫卫生。园林也要过年,只是它可能对岁月更替不太敏感。我们的说话声、脚步声产生空荡回声。有谷堂前一株朴树和一株广玉兰。广玉兰苍翠繁茂,树顶鸟儿欢叫。朴树铅华落尽,冬日阳光直射树根。

刺绣研究所包裹着环秀山庄,工艺美术师们对园子有着对苏绣一样深厚的感情。袁老师参与了 1984 年政府对环秀山庄的整体修复工作。“这里补了一堵墙,那边植了两棵桂花树。”回忆当初的整修工程,他提到了刺绣设计大师、画家徐绍青。徐先生接手的园子,饱经创伤,当时仅留下半潭秋水、一座假山和破损严重的补秋山房。他根据清代大学士孙士毅后人孙均邀请戈裕良重构园林的情状,结合汪为仁建汪氏宗祠时对“颐园”的重构,倾心研究园子的一草一木一砖一瓦,修复了四面厅、有谷堂、问泉亭等建筑,还加固假山、铺砌地面、清理水池、补栽树木。袁老师随手指着四面厅前的片石铺地:“徐先生资料上查到汪氏是安徽人,清末重构园子的铺地之石即为安徽片石,于是在整修时,也从安徽广德运来片石铺在这里。”厅内是苏州传统的金砖铺地,室外通道卵石铺就,各种材料、各种手法巧妙结合,精细绝妙。

指指点点,说说走走,又来到假山前。戈裕良的好友、诗人洪亮吉曾经特为此假山题写赠诗:“奇石胸中百万堆, 时时出手见心裁。错疑未判鸿蒙曰,五岳经君位置来。”袁老师是徐先生的弟子,同时也是师法吴门画派的画家。他告诉我,苏州园林假山石分两类,一种以沧浪亭复廊边的黄石假山为代表, 另一便是眼前的太湖石假山。著名的冠云峰、瑞云峰、岫云峰以及狮子林湖石名峰等相传为花石纲的遗物。这些太湖石,均独立成峰,姿态各异,“瘦、透、漏、皱”风格集于一身。眼前的湖石假山却与之迥异。戈裕良的伟大就在于用最普通的太湖石堆出了最独特的假山。陈从周先生曾经评述道:“造园者不见此山,正如学诗者未见李杜。”

半潭秋水前,袁老师手指假山东部高突处的那棵黑松,二十多年前,徐先生根据山水之意,在假山之巅一棵盘槐的原址上,植下黑松。未料黑松长势迅猛,十多年后,发达的根须扎入湖石缝隙,假山出现裂缝。任何部门和专家都不敢轻举妄动,跟踪观察一年后,发现罅隙越来越大,于是下决心进行假山修复。先移植黑松,保证存活。再动手拆石,拆下的每一块湖石都编上一个号,每个步骤多角度摄像。“你看这小小一个峰头只有一个圆台面大小,但是拆下来的湖石却有一百多块、三十多吨。”清理完毕,根据影像资料复原,黑松根须附近湖石间隙,以水泥封堵,避免再次破坏。

戈裕良叠石手法,据说师承清代大画家石涛写意山水手法。临水假山采用大块湖石,以国画“大斧劈”技法,造就“峰之俊俏、崖之突兀、谷之深壑”。我却在乎构成“峦之圆浑、岭之平迤、涧之潜折”

的那些普通湖石。无数的湖石就像山水画中的点点墨迹,串联起来就成形、成势、成意境。此时,不远处隐约传来评弹声,研究所的绣娘们身边总放个收音机,双手上下翻飞,弹词为之配乐。记得一天傍晚,雨后初晴,我散步到刺绣研究所大门口,绣娘下班了,环秀山庄也休息了。我无意中一抬头,热闹的景德路上空,天幕仍然被夕阳余光点亮着,浅蓝的幕布上星月齐辉。一弯细细的下弦月,正南方,明亮的金星陪伴。真是这样啊！假山和刺绣不也是星月相随吗?

落英缤纷的日子,一个个小庭院,花随着微风掉落绣稿,每位刺绣设计师首先是画家、摄影师,我曾经在绣娘案头再次熟悉这些艺术家名字:吴作人、吴湖帆、吴冠中、徐绍青、袁运甫、刘懋善等等。苏绣发源在原吴县,相传有两千五百年的历史。刺绣研究所在半个多世纪的发展过程中,创新刺绣技法,成为图案秀丽、色彩典雅、针法丰富、绣工精细的艺术代表。苏绣技法细腻,劈线功夫是最著名的技术,一根丝线在绣娘手里一分为二、二分为四,最细可以分为六十四股。不劈线的刺绣正像十字绣那样,泾渭分明,轮廓僵硬,缺乏变化。

听着袁老师如数家珍般的记述,我又暗自忖度,一个是世界物质文化遗产,另一个是国家非物质文化遗产,刺绣与叠山之间是否存在某种必然联系呢?刺绣、假山看似一细一粗,实则刺绣细中有粗,而假山粗中更显精细绵密。传统苏绣,以白猫、金鱼、蝴蝶、孔雀等小动物题材细绣作品闻名,一条金鱼的尾巴,需要绣成千上万针,尾端就像溶进水里一般。而乱针绣的发明,大大丰富了刺绣设计家和工艺美术师的想象，自此，江海山川、原野街巷都入画面。假山粗中有细，戈裕良手中无数小块湖石，正如绣娘手中劈成细股的丝线，依据心中画稿叠山，形态、气势、造型都可随心所欲拿捏，最终成就古典园林假山叠石的高峰。

戈裕良为孙均所叠假山，代表胸中自有万千丘沟壑，细细品味湖石假山，我或许悟到些园主人的内心追求。许倬云先生在《观世变》内说道："一个传统的中国读书人，在壮盛之年，以儒家进取的态度问世，但在不能用进只能退藏时，他即以道家的恬淡寻求安身立命的内在世界。"他们造园、引水、植树、叠山，既追求淡泊宁静的生活，又为了保全志节。我在边廊内慢慢游走，欣赏六百年前文徵明、祝枝山留下的楷书、草书，反复咀嚼许倬云先生的结论："中国人不论入世出世，都在积极地修持，求取完成人生。"

忠直简朴话艺圃

如果将五百年浓缩成五分钟的纪录片，那么，高高装设在艺圃门口的“全景摄像机”，将记录下怎样的情景？我想最短暂的恐怕就是人的影像吧，连袁祖庚、文震孟兄弟、姜埰父子这些园主人也只能是匆忙照几个面而已。静静占据主体画面的是那些街巷、厅堂、草木、池塘。每次走进文衙弄，都会产生错觉。似乎眼前斑驳粉墙、弹石路面直接由遥远未知年代剪切复制而来。时间作用在我们身上的效果，比作用在它们身上明显得多。一群少年嬉闹着冲进园子，博雅堂西边的小屋里，欢声笑语。二十多年后，我隔着玻璃窗，探视那间无名小屋。似乎桌椅依旧，陈设未改。天又开始下雨，春节过后，整个正月都浸在水里了，冰冷的雨丝飘在脸上，刺骨的凉意渐渐转变为麻木。我需要水榭（延光阁）里的一杯热茶。

喝茶清谈，是我们没钱有闲时期最重要的生活方式。当然还有抽烟，抽劣质烟。没有烟的谈话，除了有女同学在，一般会味寡。那时候，我还抽点烟，他们谈得起劲时，我会站起身，走到窗口，看水面，看远处的景致。烟灰自然落入水池。艺圃的游人一直不多，景色不受人的干扰。“隔断城西市语哗，幽栖绝似野人家”，这样的宁静延续很久了。顺着水岸线，响月廊、香草居、浴鸥、朝爽亭、乳鱼亭、爱莲窝等逆时针一圈扫下来，艺圃的精华，也尽入眼底了。少年时代，我还不能领会第三代园主人姜埰、姜实节父子“棐几只摊淳化帖，雪瓯频试敬亭茶”的境界。

与苏州其他园林休憩喝茶处相比，延光阁视野开阔，水陆齐佳，静谧安然。这是第二代园主人文震孟、文震亨兄弟的设计，延光阁取自阮籍“养性延寿，与自然齐光”的句意。文震孟是及第年龄最大的苏州状元，“知天命”的状元公没有向魏忠贤俯首示好，而是请求皇帝勤政、廉政。结果是廷仗八十，仅隔半年便被赶回老家。“归乡年亦非全老，罢郡家仍未苦贫。”对文震孟来说，被黜回乡，也许是件好事。离开政治斗争的漩涡，文震孟将曾祖父文徵明“吴门画派”的意境移植到动静相宜、错落有致的一方小天地里。他购下明嘉靖年间学宪袁祖庚的醉颖堂，其时，醉颖堂仅留池塘、老屋、土山等残景。文震亨深得文氏传承，改废园为“三万顷湖裁一角，七十二峰剪片山”的城市山林。

细雨中，我和妻子决定不进延光阁，绕园而行。水面上两只鸭子游弋，不时低头同鱼儿争食。这池水，是艺圃的魂魄，它周边的建筑时兴时衰，树木枯荣有期。只有它，五百年来就这样静静躺着，涵养园子，享受孤独。不少外地朋友喜欢艺圃，大概也是因水而起，因朴实明静而迷吧。其实，爱上一个地方，外地人比本地人容易得多。比如几乎每位游客都对平江路赞不绝口。可是从小生活在那片弄堂里的人们，无意识中，将失落、失恋、失败都刻进了身边的每一块砖瓦，于是，风景成为唤醒记忆的工具，组成酸甜苦辣交织的身份，他们的感受超越了单纯的“喜欢”。一位远方的朋友，有浓厚的苏州情节，最爱网师园和艺圃。我曾问她对艺圃的感受。她思考了些时日，写来这样的句子：“艺圃之胜，最在素朴简明。布局安放疏朗安然，亭台室庐轩敞大气，山石树木高低错落有致，水岸低平开阔，正所谓‘大巧不工’。园虽小却不失开阳敞亮，有江南园林中少见的朴拙自然大气干净，令人心目两明，胸怀顿开。”惭愧如我这样的苏州人，原来一直在园林外兜着圈子，根本没有进园子呢。

艺圃，很少有旅游团队进入。少了拥挤，腾出自由空间。下意识地，我和妻子压低声音交谈，自然是园主人的诗意生活。归庄曾经在“城市山林”匾额题写跋语：“栖迟于数亩之园，尘事不闻，俗客罕至，可以避世，可以娱老，何必桃源、商山哉？”最近，科学家开展的一项调查表明，临终病人回顾一生，最后悔的一件事是：“我希望当初我有勇气过自己真正想要的生活，而不是别人希望我过的生活。”从执着、坚定追求自己想要的生活上看，我们与古人的距离很大。几百年来，苏州人的精神与性情不知不觉中在改变。崇文融和依旧，优雅从容难觅。雨点大了起来，我们躲进东莱草堂的后厅，此厅无名，从厅堂结构分析，应属家眷楼。只不过建筑都是新近重建的了。我笑着对妻子说，我还能猜出厅堂何时竣工的。她自然不信。我让她看墙上挂着的诗词，“思嗜轩前怀往哲，不如廊外品新茶”“药圃于今新修葺，追思深院读书声”等，足以说明建筑的新建。诗词作者并书者，是已故苏州书画家崔护先生。他是外公的好友，老宅没有拆迁时，他们有时在狭窄昏暗的“松石轩”里切磋，有时坐在枇杷树底下纳凉消暑。崔护先生人高体胖，满头银发，手里总是拿着一把大折扇，“啪啦啪啦”不紧不慢挥动。他比外公小两岁，称外公为兄。外公画册的题词、序言都由崔护先生一手包办。我印象深刻的是，他在序言里，不仅称外公是吴门画派的嫡传人，还“封”了外公一个新头衔：书画教育家。两位老人拱手致意、挥手告别的情景一直留在我心底。他们是同一年作古的，在天堂，他们也会热热闹闹地谈论书画的。墙上书法条幅落款：八十叟崔护，表明书写的年份是 2004 年。

外公与崔护先生都是老派苏州文人。从容笃定是他们的共性。外公曾经对采访他的记者说，书画之道在于“正其道不谋其利，修其利不急其功”。这话老人一直挂在嘴上，学生们也听了无数次，我估计大多数左耳进，右耳出。但是，外公一生都坚持这样的信条，被称为甘坐冷板凳而又深厚功底的行家。我想这大概就是苏州传统精神的一个面孔吧。艺圃的第三代主人姜埰虽然不是苏州人，但以忠孝耿直赢得了苏州人的赞誉。清代文人归庄、魏禧均以“敬亭山房记”为题，称赞姜埰的为官和做人。姜埰在崇祯皇帝时，官至礼部给事中。他上疏弹劾首辅周延儒获罪，在牢里差点被皇帝密旨除掉，最后谪戍宣州卫。明亡后，姜埰流寓苏州，购得文震孟“药圃”故宅，重以“敬亭山房”命名，自号“敬亭山人”。魏禧记录姜埰的自白：“我宣州一老卒，君恩免死之地，死不敢忘。”姜埰去世后，归葬宣州，不回山东莱阳故里，只因未得到崇祯皇帝许可。这便是清初遗老们所褒扬的“不忘其本”。因此，与其他园林之记不同，清初记述艺圃之文着墨点在称颂姜埰的功德品行。黄宗羲只在“念祖堂记”的最后，拖了这样一句话：“余昔谒文肃，两至其地，曲池怪石，低徊欣赏，不知其可悲如是也。”黄宗羲的原意，是悲叹文震孟、姜埰两代园主人，虽然刚正不阿、死节中正，却都受到打击迫害。在我看来，这句话体现了景物的细节描写与作者心境的关系。

我再次站到“曲池怪石”边，就在一瞬间，风里有了当年的味道，细雨冷风中隐约飘来饭菜香味。时近正午，园子四周平房内热气腾腾，日子就是这样一天天平常地过，活出不同，就是成功。一对老夫妻互相在“乳鱼亭”内照相，闪光灯亮起的一瞬间，“荷溆傍山浴鹤，石桥浮水乳鱼”的对联显现我眼前。程可达先生书写的书法虽新，但亭子是园内唯一明代遗物。“浴鹤”开阔，“浴鸥”精巧。浴鸥池似与大水池相通，香草居、南斋这两处书斋坐落小院西部，给动感飞扬的布局压了阵脚。白墙古藤密布，墙内枫树挺拔，墙外白皮松婆娑。

阊门内，自古人文荟萃，宝林寺、吴趋坊、专诸巷等，都有一段段惊心动魄的故事。阊门内，又是人群密集，平房集中的典型，老百姓终日忙着各自的营生，似乎忘了艺圃就在边上。午后，我与妻子走出艺圃。坐到宝林寺前的一家馄饨店，品尝远近闻名的泡泡馄饨和汤团。馄饨汤里有猪骨屑，我便觉得这小吃制作认真，很不错。

人生阴晴住留园

立春了，天气还是阴冷。午后去留园的路上，下起了雨夹雪。园子里几乎没有人，零星游人进来也是走马观花。同学在这里工作多年，不知不觉中露出家的感觉。细腻的园林需要精致的女子介绍。同学就是这样，不紧不慢地细说慢讲，仿佛时光就这样停留。我想起我们的少年时代，一幕幕情景仿若只在昨天。我们都在渐渐变老，似乎也开始寄情山水。我跟在她身后，体验到这份厚重的世界文化遗产。

好长一段时间，我对留园的印象停留在高六米多的冠云峰上。小时候，铁皮饼干桶有四个面，总是被虎丘剑池、沧浪亭复廊、拙政园小飞虹以及高高的冠云峰占据。通常饼干桶落在枕边，就是我发烧感冒了。好一段时间,我都没有生病,心里急啊。小小的杏元饼干、喷香的万年青,在我眼前转悠。我最爱动物饼干,据说由十二生肖构成,但是从未找全过。外婆见我馋,就拿出饼干桶。我一块块吃掉重复的动物,最后吃掉鸡,因为我属鸡。吃的时候就愣愣地看饼干桶画,慢慢地厌倦了熟悉的画面。同学介绍冠云峰时,给了我惊喜。她说:“冠云冠云,用苏州话念快点看。是不是观音呢?”从西北角侧面看去,哦!正是送子观音怀抱婴儿、脚踏鳌鱼而来。

小孩代表生生不息的传承,“留园”这个名字似有深意。俞樾曾这样解此园名:“留此名园以待贤主乎?是故泉石之胜,留以待君之登临也;花木之美,留以待君之攀玩也;亭台之幽深,留以待君之游息也……吾知留园之名,长留于天地间矣。”俞樾是留园第三位主人盛康的朋友。盛康买下园子,并修葺一新是光绪二年(1876)的事情。他请俞樾写了个《留园记》,表达自己存“刘园”的音,而改称“留园”的意味。俞樾自然叹道:“美哉斯名乎,称其实矣。”吴下名园之冠的赞誉,即出此文。园子第二位主人刘恕,与盛康不同,他热衷自己作文,留下《含清楼记》《晚翠峰记》《石林小院说》等诗文。当时的园子布局除了东部,已经基本如我们现在眼之所见了。虽然刘恕以“竹色清寒,波光澄碧”为感,为园子起了个“寒碧山庄”的雅名,但是老百姓却直截了当地称“刘园”。其实第一位主人明朝太仆寺少卿徐泰时,取名更简单:东园。他的另一处私家园林在西,又称西园,今西园寺后花园。可惜的是,徐泰时去世后,东园逐渐颓废,直到刘恕在两百年后买下。如今东园留下的痕迹,恐怕只有现在中部假山下部的黄石叠石了。

同学细致地讲解园林中部的春夏秋冬：从绿荫轩望见春天绿意盎然的小蓬莱；涵碧山房俗称荷花厅，专为夏日观荷而设；闻木樨香轩在园林制高点，“奇石尽含千古秀；桂花香动万山秋”；可亭四周植梅花，涵碧山房、明瑟楼积雪未化，“可停留赏冬景”。雨雪在我们踏上“小蓬莱”时停了，地面仍然湿滑，四周没有游客，我听得见自己的呼吸声。我暗自想象，关上大门，尽情在这碧水、翠林、峰石间徜徉，当是怎样的心情？忽然，一个场景弹出脑海，这是我深夜经常幻想的景象：太空基地即将爆炸，忙乱中，我独自驾驶小飞船弹射逃逸出来。回头一望，基地火光四溅，我感到无比的轻松，获得了绝对自由，地球、基地等等，都无法再束缚我。随后，绝望便一步一步钻进我的内心，供给已断，生命在茫茫宇宙中无处着落。这座“长留天地间”的园子里的哪位主人接近我既自由又忧郁的心情？盛康，可谓功德圆满。六十岁那年购得寒碧庄，富贵告老，颐养天年，八十九岁寿终正寝，加之儿子盛宣怀事业如日中天，他显然过着“人生快意赖有此”的生活。刘恕，因病致仕。这位洞庭东山走出的举人，痴迷峰石，自号“蓉峰”。他筑石林小院，“寄傲一十二峰之间”。徐泰时，被诬罢官。即便几年之后，证明清白之身，他仍未官复原职，于是感慨道：“人生如驹过隙耳，吾何不乐哉。”透过“一切不问户外事，益治园圃，亲声伎”的表面，我知道，他应该是我深夜幻想中的逃逸者。

三十年前，我刚学会骑自行车，暑假天天在古城内乱穿乱逛。

一个小伙伴住在半边街，去找他时，我常骑车经过留园马路，沿着留园围墙骑行，却从未进过留园。他父亲是大学教师，藏书很多，一部分堆在他房内。我借了一本陈从周的《苏州园林》。过了一阶段，我还没有翻阅，他就问我要了回去，说父亲要查书里内容。他父亲很严厉，我们去玩都不敢大声说话。书还了，陈从周名字留在我心里。正在此时，同学打断我思绪："你看翠竹之间这支四米多高的峰石，名叫干霄峰，刘恕'寒碧庄十二峰'中唯一的斧劈石。二十多年前，陈从周先生在园内土山上发现一石刻残碑，根据碑文'广不满二尺，长几二丈'记载，寻遍园子，才找到这干霄峰。"干霄峰静静地竖立在石林小院东南天井里，学者专家细细考证它的来历、变迁，我却又想起陈从周先生《说园》里的一些观点。今人对园林的修复，有的成了"改园"，顿异旧观，愧对古人。每位园主人都将园子精心打扮，结果却是一遇战火、动荡便颓废。精致园林是安定生活风向标。我循着美景深入，更循着那几位园主人思想深入。一块原木，刷了一遍漆，又刷，再刷。现在可能越来越好看了，却不见得是古人原意。陈从周先生说这样的做法，是"以四王笔法接石涛之山水"。他提倡"复园"，必须"以原画之笔法与设色续之，以成全璧"。徐泰时、刘恕、盛康，都是痴迷峰石之人，他们心有灵犀，不论"改园"还是"复园"都点在精妙之处。

石林小院西边，便是"五峰仙馆"。我跨进这园内最大最豪华的建筑，便读到"历宦海四朝身，且住为佳，休孤负清风明月；借他乡一廛地，因寄所托，任安排奇石名花"。看来，这应当是盛康出的对联。同学笑着问我："知道留园三宝吗？"她看我茫然的样子，随即抬手向厅堂画了一个大大的圆圈："这就是三宝之一啊。"原来五峰仙馆的梁柱都是楠木，楠木殿是"五峰仙馆"的俗称。冠云峰自然要列入三宝的，还有一宝，也在五峰仙馆内。她带我到大理石天然画《雨过天晴图》前。一张圆桌面大小的大理石屏上，山水飞瀑、明月雾霭，清晰可鉴。我仔细地看，刚想要跨进这景致，心念一动，缩了回来，我笑了。南怀瑾先生曾经开示大家："抓到手，所谓有，是暂时做到归你之所有，不是真的属于你，是骗你的，都会变去消散的。"我眼前的大理石、楠木厅、留园，也是这样啊，该留的还在，没有被谁带走。

从徐泰时造园起，历经刘恕、盛康、盛宣怀的增辟修葺，留园形成了中、东、北、西四个景区。在同学的引领下，我高高低低、曲曲折折走了一个半小时，穿过近七百米的长廊，闪过各式漏窗，经过古木交柯、花步小筑等小品，品赏书条石碑刻，渐渐心中朗润起来。四个部位正可以比喻人生。中部山山水水，精心构筑了完美物质世界模样，象征人的憧憬年代；东部庭院石林，奢华的实用与遐想的艺术交织，象征人的成就年代；北部菜园盆景，果实累累，象征人的惬意年代；西部原野雅集，无拘无束，象征人的归隐年代。留园被陈从周先生称之为"华瞻之园"。我的理解，留园既是值得好好欣赏的园林，又是可以将自己融进去的园子。

虚实入心大虎丘

七百多年前的一天，性存子来到虎丘云岩禅寺，正巧塔后方丈室前的千顷云阁刚刚建成。他问主持德垕此阁的寓意。德垕介绍意出苏轼“云水丽千顷”诗句。并说宇宙万物的荣枯生灭，就像云一样聚散无常，游人来此看到阁名，就会悟出这道理。性存子反驳德垕的观点：“谓云为有，谓世为真，是之为缚；谓云为无，谓世为幻，是为之脱。”在他看来，聚与散、存与亡、有与无，只是观察人角度不同。认为太真实，就成了束缚；认为太虚幻，就成了超脱。所以“不变者不能一瞬，变则亘千古而不老”。史载，宋千顷云阁被毁于明代，清康熙年间重建，又被毁。如今我们看到的是20世纪80年代初再修建筑。千顷云阁的遭遇，默默印证着性存子的宇宙观。

每个苏州人心里都有一个虎丘，甚至每个到过苏州的人也是如此，这是其他吴地名胜、园林不可比拟的。我看到过据说虎丘存世最早的影像，一幅 1900 年拍摄的老照片。一条马道直通山门，四周既无建筑也少绿化，微倾的虎丘塔及周边几处老房子、几棵老树映衬背景。一个和尚低头从镜头前走过，稍远处一位进完香的妇女刚出山门。和尚与妇女之间是摄影师的助手，一位牵驴少年，从他僵硬的站姿来看，很可能在做摄影师的模特，他应该是中国最早的男模了。和尚蹙眉而行、少年歪头迷茫，加上野草萋萋、建筑陈旧，清末的虎丘已到荒芜落寞、人烟稀少的地步了。摄影师心中留存的虎丘印象，与现今我们的感受肯定相去甚远。而我自己心中的虎丘，也随着时间的推移变化着。

以前，每年清明，外公外婆都要带上我去虎丘边上的一个小村子——硕房庄。家里的祖坟在那里，亲戚帮着照看。我们提着送亲戚的礼品，乘二路公共汽车到石路，再转乘五路车去虎丘，在虎丘前一站一号桥下。在村里吃顿饭、喝喝茶，既走了亲戚，也算对祖先意思了一下。说意思意思，有不敬的罪过。但是，我跟着去了很多次，却从没有上到过坟。拓路、建厂、造房，坟已经被平掉多年。外公外婆觉得每年去一次，意思到了，祖先也就知道了。走出硕房庄，我们通常会去虎丘。一张张方方正正的黑白照片上，记录了我从爬到立再到走的过程。妈妈补充说那时从硕房庄到虎丘，必须穿铁路，有时要等火车，我最喜欢看钢铁大物呼啸而过。可惜，这些记忆我都模糊了，脑子里很少留存那时的虎丘，即使有，也只是一个概念。

这个概念由一些元素构成。夏日星空下,外公手摇折扇,遥望西北天空说故事:阖闾墓葬剑池底,狮子回头望虎丘,生公说法石点头,躲债要进“赖债庙”等等。外婆不这样,她一心向善,挂在嘴上的只是憨憨泉的传说,勤劳、善良、逆来顺受、甘受折磨,就会感动神仙。我私底下想,要不是憨憨碰巧挖到泉眼,必定被那些老和尚欺负死。这些元素深植我体内,渐渐地,成为我思维、行动的一部分。正因为如此,一个季春的午后,我时隔多年再上虎丘,站在赭红的千人石上,遥望虎丘塔、剑池,产生祭拜的冲动。凝神静思良久,我绕过一个个说各种方言的旅游团队,走向后山。

我聊起家族旧事的时候,对面坐着作家潘女士。她对虎丘的熟悉程度让我惊讶,非但景点、老村落、古街巷掌故了然于胸,还对过往的人和事记忆犹新。后山少喧嚣,云在茶香里,我们静静地喝茶。廊前,炒茶师傅反复搓揉着刚刚采摘下来的白云茶。我们想讨一杯新茶品尝,师傅说这茶只做了前两道,杀青和揉捻,还缺最后一道干燥工序。新茶未尝得,只能蹲下身仔细观察匾中白云茶,伸手轻翻,我脱口而出:“这倒真是安徽茶制法呢。”边上的师傅笑着说我识货。其实内中典故是外公告诉我的。白云茶曾是虎丘一宝,相传陆羽手栽茶树。到了宋代,虎丘寺僧改原来的蒸青法为炒青法。白云茶形成了“叶微带黑,不甚苍翠;煮之其色如月下白,其味如豆花香”的特点,自此名扬天下。时至明朝,各级官吏每年加码向苏州索要白云茶,当时白云茶已被列为极品贡茶,年产量仅二三十斤。寺僧们无法忍受,索性将茶树铲个精光了事,虎丘白云茶退出历史舞台。然而,白云茶毕竟还是留下了血脉。据明代冯时可《茶录》记载,安徽本无茶,虎丘僧人大方和尚来到松萝结庵后,采当地山茶,以白云茶的技法制作,一时间"远迹争市,价倏翔涌",制成了著名的松萝茶。大方和尚还采"山之顶、谷之巅"茶叶,制作了一种外形与龙井茶相仿的茶,为纪念他,人们称此茶为"顶谷大方"。八年前,为延续白云茶的血脉,虎丘方面请回了安徽师傅,恢复古法炒制白云茶。眼前的那些茶树,生长在杉树、桂花树和玉兰树下,虽然我们没有品尝到新茶,却已经闻到茶中的花香了。昔日有诗赞"虎丘山后胜山前",说得正符合我此时的心意。

潘女士描写中秋在云在茶香饮茶的文字,我印象深刻。"满树的桂花似乎全开了,又簌簌地掉下来,地上,桌上,茶碗,还有我们的头发上,都落到了一粒粒的桂花。"我像是听到了窸窸窣窣的桂花掉落声,这声音虚中带实,实中有虚。虚者,就像山塘河桨动水声;实者,就像铁环叩击山门清脆声。声音成了一种情感的符号。也许只有生于斯长于斯的潘女士能够听懂。四百多年前,袁宏道在《虎丘记》中,记叙了虎丘中秋盛会,最令我难忘的也是声音。夜已很深了,各种乐器都歇了下来。这时,"一夫登场,四座屏息,音若细发,响彻云际,每度一字,几尽一刻,飞鸟为之徘徊,壮士听而下泪矣"。与袁宏道同时代的张岱,在《陶庵梦忆》中,也记录了中秋夜相似一幕。"三鼓,月孤气肃……一夫登场,高坐石上,不箫不拍,声出如丝,裂石穿云,串度抑扬,一字一刻。"古代漂浮于虎丘之巅的乐声,近处风吹树叶和花落的声音,让我沉下心,细细品味虎丘的沧桑与变迁。从“花之晨，雪之夕，游人往来，纷错如织”，到“昔之雕栏朱阑，今之蓁丛茀草”，只因“尽摧残于兵燹，蹂躏于戎马”。人的聚散，虎丘的兴衰，历史永远是一出悲喜剧。

日头渐渐西斜，游客纷纷散去。虎丘后山的山林野趣让我“友于花鸟，物我相忘”。竹林里春笋钻出，抖落黑土；紫色二月兰密密匝匝，点缀暗红岩石；玉兰山房周边白玉兰叶子宽大，香樟树正换新装。尽管已出了景区，但我仍意犹未尽。潘女士便说带我去一个特别观赏点。出口往东五十米，是山塘街终点席场弄。相传以前此地居民以织席为生。如今弄堂里人来车往，嘈杂拥挤。站到环山河西岸的一个河埠，我们才把喧嚣暂时隔开，对岸就是苍翠安静的虎丘山。这边是世俗，那边是脱俗。只隔一条河几十米距离，强烈的落差，让我有身处“飞地”的感觉。

从西转回，我还想探访虎丘塔影园遗存。鼎盛时期，虎丘周边的别墅、楼台鳞次栉比。专家告之，塔影园曾有两个，顾氏塔影园已无迹可寻，蒋氏塔影园遗址在现幼儿师范学校内。离虎丘这么远，难道虎丘塔真的能够映入眼前这窄小池塘？沈德潜的《蒋氏塔影园记》解开我的迷惑。“名曰塔影，山巅浮图，隐见林隙，故名。”原来是站在园内，透过树的缝隙，大致可见虎丘塔的身影。现在，我即使爬高再踮脚，视线也越不过众多钢筋水泥建筑了。塔影在哪里？只能在心里了。我相信性存子的话，改变是王道，能够使虎丘成为永恒，我愿虎丘天天变，一直延续今日的繁华。

自觉觉他西园寺

四面厅茶室里有沉香味道。我坐下，静心凝神，拿起一支毛笔，开始抄写《般若波罗蜜多心经》。二百六十个字的经文，必须一笔一画写成。前年十一长假，我在浙江海宁一商铺里看到抄经手册，商家信佛，以此结缘。匆忙中我竟忘了取阅，以后几天一直怅怅然。回苏后，打电话给一位诗人，他一年前皈依佛教了。我问他有没有抄经的场所。他脱口而出，西园寺四面厅呐。

他坐在我边上，也抄写《心经》。抄之前，他对我说了几个要领：心无旁骛、字不连笔、一气呵成、不重于形。那天清早，秋雨迷蒙，清冷微寒。窗外放生池、湖心亭被雨声包裹，滴答滴答，坠落在我心上。济群法师曾经这样形容我们的内心："一个人可以回避环境，却没有办法逃离自己的内心。正像有人骑马外出，想要摆脱烦恼，却发现烦恼也坐在马鞍上，指引着他前进的方向。”是啊，我们老是成为烦恼的奴隶。但是，说要摆脱俗事困扰，却又谈何容易。

抄经，是不断与杂念斗争的过程。南怀瑾先生说过打坐如何排除杂念的方法。抄经幸好还有一个写字过程，以具体的动作对抗杂念侵入。放生池里胖胖的鱼时不时翻个身，搅动一片水花。一个半小时悄悄溜走，我写上自己姓名，法师会将抄经手册供奉到佛前。我又请了一本连环册，可以在家连续抄写一阶段。

撑起伞，我独自走了。诗人朋友抄得缓慢而恭敬，透过花窗看茶室里的他，沉静安然，与西园环境相衬。雨中寺院香烟低空缭绕，诵经声穿越时空，模糊我的记忆。西园有多重身份。游客眼中是园林，信徒眼中是戒幢律寺，学者眼中是文物宝库。四百多年前，明嘉靖太仆寺少卿徐泰时营造东园，就是现在的留园。他把元代归元寺加以整修，辟为宅园，因为在东园之西，所以命名为“西园”。徐泰时去世后，他儿子又把西园改建为戒幢律寺，高举“以戒为本”“以律为宗”旗帜，成为律宗道场，江南名刹。也是从那时起，这座寺庙巧妙地将佛教殿堂和苏州园林融为一体。从明末清初诗人徐崧的作品就可以清晰看出东园、西园、寺院之间紧密的关系。他在《时寓东园晚过西园作》中写道：“西园跬步近，日晚偶过从。不料清歌地，还瞻古佛容。”可惜，此后历经兵燹，我们眼见的西园寺，已是清光绪年间修复的模样了。

当我怀揣抄写好的十六篇心经手抄册，直奔西花园茶室交还给西园寺法师时，已是去年仲夏。整个冬季，我都定期抄经。生活的烦恼、工作的繁杂、学习的艰难、写作的痛苦，似乎在抄经过程中消解在经文里。但愿，抄经帮助我“度一切苦厄”。女儿中考的日子就在眼前，西花园我不久留，递上手抄册后，只是绕着广仁放生池走了一圈。不少游客在喂池中鱼龟，这些被放生在此的鱼龟，躲过了灭顶之灾，大彻大悟了。在池里来回游弋，张口就食，潇洒自在。游客问法师，这池快容不下这么多鱼了。法师笑答:“还有更大的放生池。”他看游客一脸迷茫，微微昂头，目光越过院墙，遥指远方:“太湖、阳澄湖、尚湖啊。”对啊！自然界才是生物真正的自由地。但是，人却没有这样的从容。明知生命短促，却还是在莫名其妙的紧张中度过大多数时日，直到终了，有的悔恨，有的仍执迷不悟。

那天，我极想见那池中神鼋，斑鼋圆圆。几年前的一个七夕节，相依相伴四百多年的伴侣方方离它而去。临终的前一天，神鼋浮上水面数小时，绕池游动，与大家诀别。小时候，老人都说看到神鼋就是有福之人。可惜我一直无缘得见。离开西花园，我仍在想神鼋。世上超过四百岁的生命能有几个？但是，如果换成人类，这四百年的烦恼和压力，又有谁能承受。寺中神鼋受了佛指引，安然度日。人支配万事万物，貌似高不可攀，其实内心痛楚煎熬也是高居第一。有时候，我幻想成为哈德逊河谷里的瑞波·凡·温克尔，或者烂柯山中的王质。在某寂静之处，喝上一口泉水，望着远山白云，休息一下，然后回家，却已经没有人认得我。时间已经过去了几十年或者几百年。这才是最高明的逃避，也是最不切实际的逃避。明朝嘉靖年间徐氏放养的方方,在它生命的最后几个小时里,是不是在寻找他的主人?会不会池底数春秋,人间四百载?我的心跳基本与秒针同步,但是我并不认为缓慢,因为心跳总是在迫近它的终点。如果说愉悦的时候时光如飞,那么我宁愿在自己的生命里多一些磨难,深切体会艰难时候的度日如年,这样,岂不是比他人多活出些岁数来了呢?

话是这样说,但是时光还是公平地散布给每个人。一年很快过去了,香樟花开放的时节,几位朋友相约西园品茶。一位年轻的法师领我们入寺。香花桥边,我仔细看一下高大的银杏和香樟的挂牌年纪,都在一百四十多年,与光绪年间整修寺院可以相关联。前年雨天抄经求静心,去年送手抄经文入寺祈女儿考试顺利,今年呢?仍有新生烦恼呢。似乎人的烦恼随着时序进度,滚动显现,无休无止。人生的过程就是与自己内心搏斗的历程。小时候进入五百罗汉堂,有“两喜一怕”。一喜的是四面千手观音像,在我心中是万能的救世主,他的每一只手,手里的每一只眼睛,都是用来帮助每一个有需求的普通人的。另一喜是悲喜济公像,站到右侧看是笑脸,左侧看是哭脸,正对着看,济公正哭笑不得。童年的我每次见到他,都会笑不停,那时我还不懂,济公只是把人的内心写在脸上而已。一怕就是那五百尊罗汉。曾经与小伙伴做过游戏,随意选一尊罗汉,然后依次数下去,点到自己年龄的那一尊,便是自己的化身。但是每次还没点完,就被罗汉威严所逼逃出殿堂。

法师带着我们参观前年底才落成的三宝楼。这是一个宏大的建筑群，也是戒幢佛学研究教育基地。佛教“三宝”是指佛宝、法宝、僧宝，所以称为宝，是取之不尽，用之不竭，一旦接受，永远常随，水火不能毁，盗贼不能夺，非世间诸宝所能比。宽大照壁上，由方丈普仁大和尚题写“悲智双运自觉觉他”八个大字。我端详良久，暗自思忖，大乘佛教的精义也在此了。但觉世上诸事，退一步海阔天空，争一寸多生烦恼。提高修为，坦然面对大千世界、芸芸众生，心存善念，多行善事，才达到自觉觉他、度已度人。三宝楼内的藏经阁、图书馆、教室、会议室等多个现代化功能区，我们随法师的引导，一一观览。我有点走神。仿佛看到佛学院的学员们苦修的场景，生活中的一切因为信仰而变得光彩夺目，即便最平常的事物也有了不同的感受。简朴的起居，令精力集中于宇宙和生命终极认识的讨论，这样的研修，却又不是让人看破红尘遁入空门的教育，而是教人如何更好地入世。一切都在自己的修行。

我们坐下品茶的时候，已近黄昏。窗外四百岁的紫藤生机勃发，紫花纷纷扬扬飘落到放生池，九曲桥上，游客在观鱼，也在看自己的倒影。六角湖心亭、九曲桥、黄石假山、四面厅等，构成精妙古典园林。清初医士吴士缙在《暮春西园晚眺》中，这样描述他在与我们同季节同时段看到的西园：“东墅花光尽，西园树色深。落霞明远翠，斜照破轻阴。坐久生诗思，吟余听梵音。春残犹足乐，尚可访幽寻。”我喝着碧螺春，体会诗中意境，三四百年间，变的是什么？不变的又是什么？其实，神鼋最有发言权。想着想着，天光暗淡，茶室要关门了。

禅意童趣狮子林

古城东北角，一条条熟悉的街巷在车窗外闪现又消失，每个名字都曾亲切地挂在嘴边。唯独这里，我停车的地方，园林路，我心头泛起的却是感伤。二十多年前的暑假，每个炎热午后，一群少年总会集聚到这里。狮子林里游客焦灼。小胖在家门口摆上一个茶摊，隔壁园子里客人散出，总会瞄一眼我用毛笔竖写的那块价目表：茶水五分钱一杯，白开水两分钱一杯。小方桌上，茶水占到三分之二，其余的是白开水，都用方口玻璃杯，杯口用一片正方形玻璃盖住。北方客人往往要连喝两杯茶水，人一多，泡茶冷却就来不及。我们便把凉白开直接冲茶，玻璃杯里的绿色越来越淡，最后，喝茶的人讨价还价了。有一次，人实在太多，不要说茶水，白开水都供不上，我们就偷偷往里掺自来水。终于,一位游客皱着眉说:“怎么一股漂白粉味道,这不会是自来水吧?”吓得我们连钱都忘了收。这些场景,后来一直在同学聚会上提起,而主角小胖却再也听不到我们说的往事了。

我一边和妻子说着茶摊故事,一边撑伞走进潘儒巷的“吴门人家”,这个餐馆延续了苏帮菜鲜美清淡的传统。八点不到,自助早茶的精华就已经不多了:两面黄、苏式汤面、酒酿圆子等等。幸好还有糖粥,细糯绵软的白粥里,舀入一大勺厚重香滑的赤豆糊,再加入一小勺许白糖,静心仔细拌匀,甜蜜便是最原始的幸福滋味了。初夏的雨时歇时骤,空气濡湿。望着狮子林门口各式团队争先恐后,嘈杂喧嚣。我们决定急流勇退。妻子细心,还是去卖票处看了开园时间,下次要成为一天中的第一批客人。

不久,香樟树花散落,栀子花飘香。初夏的清晨,飘着淡淡幽香。我们再次来到园林路,沿街的一些商铺还没有开门,狮子林已经静静地开放。在“入胜”圆洞门前,我稍稍放慢脚步,让后来的游客先进。我有点诧异,为什么记忆深处的,除了极少数,都会成为黑白?是否我们已经习惯了把过去的事情处理成简单双色,而把未来幻想成斑斓多彩呢?那么,明代江盈科“宋人别业之变而为狮林也,狮林之变而为荒烟野草也,又变为佣保杂作错处之地也,今又复变而为狮林也,亦成毁兴废之常”的观点很能为黑白记忆作注脚。

那年,我七岁。独自坐在老宅屋檐前,把一个个山核桃敲碎,我刚抬起手,门口一个声音说:“阿认识我啊?”我茫然地既不摇头,也不点头。外婆从厨房出来迎上前，她的小姑从武汉来了，但是我看这妇女比外婆显得老。她身后两个孩子，一个比我高，另一个已经像大人样子了。无关情节，就像默片一样，被我的记忆全部剪去。随后就是狮子林的片段了。我跟着比我高的“舅舅”跑进跑出。他跟另一个“舅舅”耳语了一下，告诉我这里的假山洞正好可以捉迷藏。就像我有一个阶段一直向往三十五岁的人的成熟和精力充沛一样，一开始我对两位“舅舅”身上散发出来的活力也非常着迷。可是我并没有注意到他们诡谲的笑。之后的半小时内，我根本找不到两位“舅舅”，只在狮子、含晖、吐月、玄玉、昂霞等假山名峰下的洞穴中穿行，奇峰怪石、阴冷洞穴环环相扣。有几分钟，我确信自己走不出假山了，绝望、受骗的感觉交错。于是，我干脆在“棋盘洞”里一蹲，时间分秒过去。最后，发急了的是两个“舅舅”，当我被发现的时候，他们简直把我当作救命稻草。我指着棋盘向妻子讲着童年故事，洞里潮湿凉爽，两位“舅舅”如今都该年过半百了，可我心中还存着他们三十多年前的容貌，只是也是黑白的了。

当初，元代天如禅师惟则见一处宋代官员废弃的旧宅地“有地数亩，古树丛篁如山中，幽僻可爱”，便建了菩提正宗寺，因为“林有竹万个，竹下多怪石，有状如狻猊者，故名师子林”。我们穿行的假山石穴，当是元代遗物，至今名称也没有大的改动：“因山之有石而崛起者，名之曰峰，曰含晖、曰吐月、曰立玉、曰昂霄者，皆峰也，其中最高……是所谓师子峰。”虽然已是初夏，但是，我们在指柏轩南，见山楼东的假山上，仍然看不到那几株古柏有“复苏”的迹象。我又抬眼北望,造园初期拥有数十万翠竹的“翠谷”早已荡然无存。明朝洪武年间,著名画家倪云林路过苏州,应当时狮子林主持如海法师之邀,为建园三十周年作画,这就是享誉中国画坛的《狮子林图》。可惜的是,这幅名画在民国时期失踪了;幸运的是,画的真实蓝本还在。我们脚踩的假山、台阶、曲廊、石桥等等,都留下了无数名人贤士的印记。难怪贝聿铭先生的叔公贝仁元在《重修师子林记》中颇为得意地写道:“我吴园亭,沧浪最古,师林次之,顾沧浪建于子美,固在师林百余年以前,而规复于文瑛,实在师林百余年之后,是虽谓师林古于沧浪,亦奚不可。”

1917年,贝仁元购入狮子林,成为狮子林最后一位园主人。经过七八年精心修葺,旧有的指柏轩、问梅阁、卧云室、立雪堂等按故址复建,而燕誉堂、湖心亭、九曲桥、石舫、荷花厅、见山楼、五松园、飞瀑亭等均循古新建而成。如今,燕誉堂内,清书画家毕诒策手书匾额下,便是贝仁元的《重修师子林记》屏刻。1997年,贝聿铭先生八十大寿在主体建筑“揖峰指柏轩”内举办。他说,自己童年美好时光大多是在狮子林里度过。老人回忆自己总是从狭窄昏暗的备弄直奔西花园,在九条线路二十一个洞口的假山当中左冲右突,钓鱼虾、粘知了、捉迷藏,此情此景已经过去了几十年。狮子林往北穿过潘儒巷,跨过拙政园桥,就是以前的太平天国忠王府,现在的苏州博物馆,这是贝聿铭先生封笔之作。钢筋水泥与小桥流水完美结合,我特别留意到的是假山、竹子和水。狮子林“翠谷”已不存,而假山、池塘依旧,老人是否在自己作品里加入了怀念元素呢?

有段时间，我天天骑自行车经过狮子林，但是进园子的次数却不多，甚至及不上喜欢园林的外地友人。园子似乎是家里的大箱子，轻易不去翻动。大箱子黄铜包角、纯铜挂锁等细节，我都记得很清楚，这是家里的东西。狮子林，即使不进去，有些气息我能闻到，有些声音我能听见，有些影像会长留心里，因为我在这园子边上慢慢长大。风雨同舟和惊鸿一瞥，这大概就是居民与游客的代名词了吧。亭、轩、阁、堂和石舫里的彩色玻璃，是我记忆中留存的极少数颜色。小小的我，踮起脚，透过玻璃看到不同颜色的世界，到底哪个是真实？哪个是虚幻？其实，直到现在我仍纠结。狮子林是有佛性的。江盈科点出了关键："自佛法视之为极细，何足置悲喜于其间哉？"即使是乾隆皇帝一个高兴，说了个"真有趣"，还留了御额、御碑，可不过一百多年，狮子林还不是照样荒芜颓废。清代诗人袁学澜则认为，狮子林时兴时废的原因在于，造园从一开始就错了。叠石为山，费的是民众劳力，提供的仅是耳目之娱，不是学道君子所倡导。因此，"昔人以营造钜丽为土木之妖，狮林以名著而屡经易主，然则为园囿者，亦无取乎美好，以致后人不能守也"。

上午九点，园子挤了，从回廊往下望，景致都被游客布满了。只有池塘里的荷花清晰可鉴，再过一个月，莲花盛开，清新飘逸。将出园门时，我们在立雪堂小憩。堂内"苍松翠竹真佳客，明月清风是故人"对联，似乎与"程门立雪"相关，而非造园者佛门"断臂立雪"本意。而我读出的"执着"两字，是否可算两个"立雪"故事的共通之处呢？

荷香雅韵拙政园

可能是在旅途中开始写的原因，这篇文章的初稿，我用蓝色水笔写在黑皮笔记本上，这种写作方式我不用已经不少年了，电脑、电子文档、移动硬盘，一条无形的流水线，最后成品，只在标题前加上一个日期，才有了点自己的痕迹。台湾作家张大春曾说："软笔字最具优势的结构特色就是笔画可粗可细，写某字数遍，自己比较，何者顺眼，并思索其缘故。得之，即是答案；不得，便再写。"他讲的是书法，道理却是普适的。虽然我用硬笔，但是一页又一页写下来，自认为在表达文义的同时，留存了精准的个人印记。这是最熟悉的自己，最"顺眼"的笔迹。然而，最习惯的、最在乎的东西，却最怕改变或者失去。

若干年后，我举了一张老龄证，拄了一根藤杖，在夏日傍晚，来到拙政园看荷时，或许第一个想到的便是四百年前顾诒禄的那句："抚今忆往，是用怆怀，百年以后，游者何人？"这是他为归田园居主人王遴汝召集的一次修禊活动写下文章，结尾处发出这样的感叹，与拙政园的境况密切相关。当时，拙政园西部颓败，竟散为民居。东部经王心一苦心经营，传至曾孙王遴汝，仍旧繁茂昌盛，所谓："吴中名园，归田独存。"东部、西部的强烈反差，顾诒禄把当前的盛景摆到历史背景下考量，这样的忧虑，实在有大爱；古人的见地，确实大智慧。

未来的夏季可能比现在更加炎热，可能不再那么暑气逼人了，谁知道呢？反正像我这样的老头，也不在乎热了。园中的景致应该没有多大变化，成为世界文化遗产后的几十年里，动一动园子里的物什，不像之前那么容易了。中部曾为乾隆年间太守蒋棨的"复园"，如今仍旧荷花满池，当时曾经被赞曰："锦帐重叠之胜观。"记得我总是盛夏来到园子，荷花也在这个时候亭亭玉立起来。我没有考证当初文徵明绘制《拙政园卅一景》时，是否将荷花先行安排。要知道，王献臣在朝廷得罪东厂"中贵人"致仕回苏后，在娄门、齐门之间买的那块地，其实并不是造园的最佳之所。"居多隙地，有积水亘其中，稍加浚治，环以林木。"文徵明为他出主意，精心构建山水园林，才成为苏州水面最为广阔的园子，有水应该有莲荷。可他只是在《王氏拙政园记》里描写"水花池"一景时，用了"植莲其中"四个字。

我把藤杖斜靠在倚虹桥边，反复抚摸被磨得光滑的石栏杆，老人也许就喜欢触摸比本身更古老的东西。许多年前，一位香山帮木匠的后人告诉我，这个园子经过太多的改造，光主人就换了三十多位，还数度改为公馆。每位主人、官人接手后都要动一下，修葺一番，因此很可能只有倚虹桥的石栏杆、池塘的黄石驳岸、旧园门内黄石假山等，才是留存至今的拙政园原始痕迹。大家对以文徵明诗画为蓝图构建园子，还是他以园林为摹本绘画、作诗，虽然仍有争论，但有一点我可以肯定：文徵明断然不是为王献臣取园名的人。他厌恶潘安这个美男子："岳虽漫为《闲居》之言，而谄事时人，至于望尘雅拜，干没势权，终罹咎祸。考其平生，盖终其身未尝暂去官守，以即其闲居之乐也。"看来，最终还是王献臣对《闲居赋》中的"筑室种树，灌园鬻蔬，孝乎惟孝，曰此亦拙者之为政也"等句子钟情，字字句句触动他的心弦，自己取了"拙政"这园名。

我缓缓走到远香堂前，自从园林收归国有之后，著名的景点都是与普通游客隔离的。我站立的那个点，可以更清楚地把荷景收入眼底，但是，人人都这样观景，那么远香堂的四面玻璃落地长窗又有什么意义呢？远香堂更有何雅可称呢？可能我老了，牢骚多了。可能是"明知"两个字跳出我脑子的结果吧。明知远香堂赏荷最佳，却只在权贵面前开放。明知"香远溢清，亭亭净植"，却仍摆脱不了世俗气息。功利的社会里，除了眼前够得着的，其他全被嗤之以鼻。拙政园蕴含的道理明摆在这里，文徵明早就说"高官膴仕，人所慕乐，而祸患攸伏，造物者每消息其中"，但人追逐名利的心，不会因为欣赏园景、读毕诗赋而停止。园子和文章,只能作为驿站,暂时歇息罢了。真正明了的,也许是那时的我,归老故里的老人。清风徐来,暑气渐消。抬眼望去,荷风四面亭被整片莲荷包围,我是记得亭上对联的:“四壁荷花三面柳,半潭秋水一房山。”然而,在荷花盛开,暑热至极的当口,我可能会想起阮步兵的“炎暑惟兹夏,三旬将欲移”“四时更代谢,日月递参差”了。我似乎闻到秋天气息了。

我转身,就看见枇杷园。一张黑白照片,小男孩站在圆洞门口,上面砖雕刻“晚翠”二字。夕阳照在枇杷树上,树荫投射到父亲脸上,有斑驳的阴影,而小男孩身上光灿灿的。老人说这不是一张吉利照片,果然,不久父亲得了大病。浑浊的眼睛有点湿润,照片里的枇杷园,留给我的拙政园最初印象:父亲、树荫、池塘。时间的指针仿佛只跳了一格,枇杷园似乎也没有改变,变的是我们,物是人非。当一个园林成为城市符号,居民似乎也以这个园林为家了。正是我的幸运,生活在了它的身边。出北园路,转向百家巷,拐进西北街,与拙政园大门擦肩而过,与正在拉开卷帘门,准备工艺品小店开张的朋友们打个招呼,这曾经是我每天的“规定动作”。童年、少年、青年、中年,我都虔诚地为客人们介绍我心中的拙政园,这是家一般的感情,其他园林不能比。贝聿铭先生恐怕也是这样,他不愿使拙政园产生一丝损伤,以拙政园南墙为白板,堆砌山石,引水入池,成为博物馆新馆山水假山第一景。

游人渐渐散去。现在,我应当可以静静地坐在倚虹亭内歇息片刻,视线越过荷塘往西眺望,“别有洞天”半亭后,被“远借景”的北寺塔孤独冷清。再过些时日，满池的荷花将会凋零，留下枯枝残荷。也许曹雪芹最懂其中奥妙了。面积五公顷出头的拙政园，命运多舛。王献臣儿子被骗，一夜豪赌输豪宅后，园主人更替不停，园子也逐渐分裂为东、中、西三个部分。曹雪芹祖父曹寅出任苏州织造时，拙政园中、西部为民居所占，曹寅购得其中的一部分，后又为李煦所得。曹寅的继配李氏是李煦的堂妹，特别喜欢曹雪芹，经常带他回苏州老家，住拙政园内。更有传说，曹雪芹就诞生在李煦园子里。这些生活经历，印刻在曹雪芹脑海里。拙政园平淡超脱的意境，成为曹雪芹构筑虚幻大观园的蓝本。于是，《红楼梦》中的场景：潇湘馆的凤尾森森、怡红院的西边长廊、凹晶馆的景物等等，都可与拙政园景致相对应了。曹雪芹借林黛玉之口说出："我最不喜欢李义山的诗，只喜他这一句：留得残荷听雨声。"拙政园的最西边，有留听阁。虽是富商张履谦在十九世纪末修筑，是"补园"的重要建构，但我想还是应该受了曹雪芹的影响，借用"留""听"二字，突出超凡脱俗的韵味。

天色将晚，如果要进园子西部的话，我还得走一段路，要经过小飞虹、香洲、见山楼等中部盛景，而西部园子的一切我又是如此熟悉，那就让我这个老人再坐一会儿，回想很久以前香山木匠的后人小陈带我游园子西部的片段吧。也是农历七月，一个黄昏，那时我只是四十出点头，步履轻快，与他两人边走边聊。"《红楼梦》是吧？王文娟老师拍'黛玉葬花'，就选的那座石拱桥。"这石阶做成云层状，为什么？与园中山水呼应，成为山的余脉呢。"'别有洞天'

的墙为什么这么厚？园子中部与西部曾经分属两个主人，大家砌墙，二合一，就厚了。”小陈一路走，一路不停擦汗。我跟着他来到卅六鸳鸯馆和十八曼陀罗花馆，两块匾额分别由清末两位状元洪钧和陆润庠题写，建筑为鸳鸯厅格局。小陈介绍，卅六鸳鸯馆的内顶为卷棚式，音响效果特别好。张履谦及儿孙都喜爱昆曲，常在园中拍曲。昆曲大师俞粟庐被聘为西席，在卅六鸳鸯馆内授徒度曲，其中包括他儿子俞振飞。俞振飞大师的昆曲之路自拙政园起步。记得小陈催着我，三步两步登上宜两亭，“绿杨宜作两家春”，这里，中部荷叶田田，西部绿荫依依，建筑参差错落，东西联为整体。小陈说，这就是著名的“近借景”典范。

工作人员开始清园了。我重新扶着藤杖，往出口处走去。小陈当年的话似乎还在耳边，我也有自己的理解，荷香四溢的美景，雅致动听的昆曲，一个留在我眼里，一个留在我心里。我慢慢地走过东部，每次经过“归田园居”原址，我便会想到陶渊明，我一直认为他才是悟透人生的第一人。我还偏偏喜欢他描述的“世俗之人”：“闲静少言，不慕荣利。好读书，不求甚解；每有会意，便欣然忘食……常著文章自娱，颇示己志。忘怀得失，以此自终。”这些表达“五柳先生”内心感悟的话，以前的我可能没有深切体会，而现在，觉得这明明在说我啊，说一个四处闲晃的老头。

拙政园
拙政园